咬文嚼字文库·名家书系

语文应用散论

苏培成 著

上海文化出版社

上海咬文嚼字文化传播有限公司

序

　　1957 年的高考，我考入了心仪已久的北京大学中文系。

　　入学的前两年，学的主要是基础课和公共课。到第三学年开学后，这一届学生被分为文学和语言两个专门化，进入专业学习的阶段。我愉快地服从国家的需要，进入语言专门化。从那时开始，语言文字就是我从事的学术专业。我热爱这个专业，它是我为人民服务的本领。我这一生的工作很单一，就是在学校当语文教师。我在中学教过语文，在大学教过现代汉语，也教过几年古代汉语。从"文革"后期，开始做一些学术研究工作，重点在语言文字的应用研究。先后出版了大大小小的学术著作 20 部，内中有几部是与其他学学者合作的。直到今日我已耄耋之年，仍旧在尽我所能为语言文字研究做点拾遗补缺。

　　《咬文嚼字》期刊大约创刊于 1995 年，从创刊号起我就获得赠阅，它开阔了我的眼界，提高了我的语言文字应用能力，它是我的良师益友。我在教书的余暇，也曾为它写过几篇小文。到1995年，也就是我80岁的那年，我遭遇了很大的不幸，我的老伴王立侠女士患肝癌去世。老伴走了，给我留下的是伤感和孤独寂寞。日子还要过下去，怎么过？我还是靠语言文字学，我在努力读书写作。开始时写出了《语坛往事六则》，感谢《咬文嚼字》编辑部各位专家，他们拿出宝贵的篇幅刊发我的短文，在我最困难的时候给我帮助和鼓励。在那之后的几年，我给《咬文嚼字》写了五六十篇文章，和该刊结下了深厚的情谊。

近年来，《咬文嚼字》编辑部的各位朋友，提出愿意为我编辑出版一本有关咬文嚼字的短文选集，并指定蒋逸征老师为责任编辑负责此事。由于蒋老师的辛勤工作才有了摆在各位面前的《语文应用散论》这本小书。在这本书内没有鸿篇巨制，都是一两千字的短文。它的特点在于文内讨论的问题都来自实际生活，尽量用语言文字的科学知识回答这些问题，希望对读者有点帮助。这些文章收进文集时有的略有修改，包括个别文章的标题。我要以比较满意的面貌把这些小文奉献给各位读者。文集中的绝大部分文章都是发表在《咬文嚼字》期刊里的，只有四篇是刊载在其他报刊上的。

决不能轻视语言文字工作，它是实现中华民族复兴伟业的不可缺少的一环。它能把 56 个民族和 14 亿人民组成一个团结和谐的大家庭。语言文字具有民族性，它是沟通上下几千年、纵横几千里的中华优秀文化的纽带。当今世界正在发生大变化，语言文字又是连接世界民族心灵的黏合剂，为世界的和平发展做出不可代替的贡献。祝《咬文嚼字》这本篇幅不大但有特色的刊物越办越好，让它进入千家万户，给广大读者增加新知，提高语文应用的品位，丰富心灵的储备，成为人们不可或缺的优秀读物。

感谢蒋逸征老师为小书操心费力，感谢《咬文嚼字》编辑部各位先生的指导与帮助。

尊敬的读者，当您发现本书中的不妥之处时，望不吝赐教。多谢！

苏培成

2022 年 3 月于北京市肖家河北大宿舍

目　录

什么是规范汉字

　　《中华人民共和国国家通用语言文字法》（以下简称《语文法》）规定："本法所称的国家通用语言文字是普通话和规范汉字。""国家推广普通话，推行规范汉字。"可是在《语文法》中并没有解释什么是"规范汉字"。《关于〈中华人民共和国国家通用语言文字法（草案）〉的说明》中说："在征求对本法草案的意见时，有的同志建议把普通话和规范汉字的定义写进法中。普通话和规范汉字在学术上都有'定义'，但严格地说，'定义'本身是否科学、严密还值得研究，学术上对这两个'定义'有不同的看法。根据一些同志的建议，曾将这两个'定义'写进了本法草案中，但反馈意见中对这两个'定义'提出了许多意见，主要是学术方面的意见。因此，在草案的修改过程中，就把这两个'定义'去掉了。把定义写进法中，使学术定义法定化，会引起很多不必要的争议。本法不规定普通话和规范汉字的定义，并不会造成人们对普通话、规范汉字产生误解。而且，如果需要的话，也可由国务院语言文字主管部门对普通话和规范汉字的定义作出解释。"可见，在《语文法》中没有写出普通话和规范汉字的定义是不得已而为之。我们以为在学术上还是应该早日把普通话和规范汉字的定义确定下来，有利于推广和推行。本着这种想法，本文拟对"规范汉字"的定义提出一些浅见，供研究商讨。

《〈中华人民共和国国家通用语言文字法〉学习读本》对"规范汉字"做出了定义："规范汉字是指经过整理简化的字和未经整理简化的字。在规范汉字中，整理简化或利用简化偏旁类推出来的简化字只占少数，多数还是历史流传下来的，沿用至今，未经整理简化或不需要整理简化的传承字，如人、山、川、日、水、火等字。"我们以为这个定义值得商榷。因为全部汉字，根据是否经过整理简化一分为二，就是经过整理简化的字和未经整理简化的字，二者合起来就是全部汉字。全部汉字都是规范字，这不合乎事实。我们以为这个定义可以修改为："规范汉字是指经过整理简化的字和传承字中除去繁体字、异体字以外的字。"下面做些解释。

新中国成立以来，国家对汉字进行了整理简化。汉字整理方面做的工作有：（一）1955 年 12 月 22 日，文化部和文改会联合公布《第一批异体字整理表》，收异体字810组，有1865字。选用810字为规范字，淘汰1055字。后来做了个别调整，从淘汰的异体字中恢复"阪""挫""霸""邱"等字。《第一批异体字整理表》实有异体字795组，选用795字为规范字，淘汰1025字。（二）整理印刷铅字字形。由文改会、教育部、语言研究所组成汉字字形整理组，整理组于1964年5月编成《印刷通用汉字字形表》，收印刷通用宋体字6196字。1965年1月30日发布并逐步推行。（三）改换生僻地名用字。1955年3月至1964年8月，经国务院批准更改县级以上地名35个。2003年12月17日，民政部批准波阳县恢复为鄱阳县。（四）统一部分计量单位名称用字。文改会和国家标准计量局于1977年7月20日联合发出《关于部分计量单位名称统一用字的通知》，对部分计量单位名称用字做了统一规定。如把"哩"改为"英里"。（五）整理异形词。2001年12月19日，教育部、国家语委发布《第一批异形词整理表》，收338组。如推荐"百废俱兴"，废止"百废具兴"。由上述整理工作确定的汉字是规范汉字。

在汉字简化方面做的工作有：1956年1月28日，国务院全体会议批准《汉字简化方案》，收简化字414字和54个可类推的简化偏旁。1月31日公布，然后分四批推行。根据推行中发现的问题，对政策做了细化。1964 年 5 月，文改会根据国务院指示编辑出版《简化字总表》。《简化字总表》包括三个字表。第一表是 352 个不作简化偏旁用的简化字，第二表是 132 个可作简化偏旁用的简化字和 14 个简化偏旁，第三表是应用第二表所列简化字和简化偏旁类推简化得出来的 1754 个简化字。三个字表合计有简化字 2238 字。因"签""须"两字重见，实有简化字 2236 字。1986 年 10 月根据国务院指示重新发表《简化字总表》，对个别字做了调整。调整后的《简化字总表》有简化字 2235 字。《简化字总表》规定："未收入第三表的字，凡用第二表的简化字或简化偏旁作为偏旁的，一般应该同样简化。"这条规定保证汉字文本不会出现繁简字混用的现象。总之，新中国成立以来推行的简化字要以 1986 年 10 月经国务院批准重新发布的《简化字总表》为准。

2013 年 6 月 5 日，国务院批准发布《通用规范汉字表》。《国务院关于公布〈通用规范汉字表〉的通知》中指出："《通用规范汉字表》公布后，社会一般应用领域的汉字使用应以《通用规范汉字表》为准，原有相关字表停止使用。"有的人以为有了《通用规范汉字表》，《简化字总表》就可以停止使用了。这种理解是不妥当的。因为《通用规范汉字表》里面并没有《简化字总表》

第一表和第二表的内容，如果停止使用《简化字总表》，偏旁类推简化就失去了依据。最近几年出版的《语言文字规范手册》去掉了《简化字总表》也是不妥的，应该及早加以改正。

简化字是规范汉字，这是没有问题的；有人对流传了几千年的繁体字成了不规范字想不通。应该明确繁体字不等同于传承字。有的传承字有几千年的历史，而繁体字这个概念是汉字简化的产物，没有几千年的历史。繁体字是和简化字相对而言的。"人、山、川、日、水、火"等字没有经过简化，是传承字，不能叫作繁体字。"馬"字在汉字简化以前是传承字，无所谓繁体或简体。推行汉字简化以后，笔画多的"馬"被笔画少的"马"所取代，这时"馬"就是繁体字。国家推行规范汉字，包括简化字"马"，但是不包括繁体字"馬"。异体字指的是音义相同、只是字形不同的一组字。如"乘""乘""椉"。经过整理，确定"乘"为规范字，"乘""椉"为淘汰的异体字。《语文法》第十七条说："本章有关规定中，有下列情形的，可以保留或使用繁体字、异体字。"下面列举了六种情况："（一）文物古迹；（二）姓氏中的异体字；（三）书法、篆刻等艺术作品；（四）题词和招牌的手书字；（五）出版、教学、研究中需要使用的；（六）经国务院有关部门批准的特殊情况。"

如果繁体字属于规范汉字，根据《语文法》本来就应该推行，因此其中第十七条就会显得多余。该第十七条表明，繁体字和异体字虽然不是规范字，但在一定条件下也可以使用。

（刊于《咬文嚼字》2021 年第 2 期）

语文现代化和语文规范化

语言文字具有变动性和稳定性两重特性。作为交际的工具，语言文字要随着社会的发展而发展。社会是不断发展的，所以语言文字也是不断发展的。如果社会发展了，而语言文字停滞不前，它就不能适合社会发展的需要，就要对社会发展起阻碍作用。特别是当社会处于大变动时期，语言文字也往往会发生明显的变化。另一方面，作为交际的工具，语言文字要保持相对的稳定，以便社会成员能够用它来有效地进行交际。一日三变、朝令夕改，这样的语言文字就不能成为交际工具，就要被社会所抛弃。

基于语言文字的变动性，产生了语文改革。语文现代化就是当代的语文改革。当中国社会进入现代化的历史时期，中国的语文要适应这种变化、服务于这种变化，于是有了近百年的语文现代化运动，这一运动做出了很大的成绩。基于语言文字的稳定性，产生了语文规范化。只有规范化的语言文字，才能保证语文交际准确、有效地进行，才能促进精神文明建设。语文现代化和语文规范化，相辅相成，互相推动，缺一不可。没有语文现代化，只强调语文规范化，语文生活有可能停滞不前；相反，只强调语文现代化，忽视语文规范化，就会使语文规范意识模糊，会给社会语文应用带来混乱。

中华人民共和国成立以来，党和政府对语文现代化和语文规范化都十分重视，做出了许多重要的指示。20世纪50年代，在语文现代化方面，提出了文字改革的三项任务：简化汉字，推广普通话，制定并推行《汉语拼音方案》。在语文规范化方面，1951年6月6日《人民日报》发表了有名的社论《正确地使用祖国的语言，为语言的纯洁和健康而斗争》，掀起了持续不断的语文规范化高潮。1955年10月在北京，先是召开了全国文字改革会议，接着召开了现代汉语规范问题学术会议，分别研究和部署了语文现代化和语文规范化的工作。以上事实充分说明了党和政府对这两项语文工作都十分重视。改革开放以来，面对社会发展的新形势，语文政策也做了适时的调整。1986年全国语言文字工作会议传达并贯彻了中央制定的新时期语言文字工作的方针和任务，也兼顾了这两个方面。方针一方面强调"促进语言文字规范化、标准化"，另一方面也强调"继续推动文字改革"。这样的方针是正确的；在这样的方针指导下，语文工作取得了很大的成绩。

21 世纪正在向我们走来，信息化、电脑化要求语文现代化。要改革我们的语文生活，使它更适合现代化的需要。近几年来，在我们的语文工作中，强调语文规范化比较多，强调语文现代化比较少。我们要重视语文规范化，同时也绝不可忽视语文现代化。只有适时做好各项语文改革工作，在国家现代化建设的大局中，才能充分显示语文工作的重要性，才能使规范化的内容不断得到充实。脱离了生动的语文改革，规范化工作也很难做好。

（刊于《咬文嚼字》1999 年第 8 期）

语文规范化的人文性

《语言文字周报》2017年8月9日和8月16日刊发了《"语言文字规范"八人谈》（下文简称《八人谈》），我读后很受启发，对语言文字规范有了新的认识。我不顾谫陋，愿略陈鄙见，敬请读者指正。

在《八人谈》里，费锦昌提出了要"建设我国语言文字规范工作的完整理论"，很有见地。1986年1月举行的全国语言文字工作会议传达了中央制定的新时期语言文字工作的方针，其中有"促进语言文字规范化、标准化"的任务。这个"标准化"与《八人谈》里的"规范标准"的"标准"说的不是一回事。对这个"标准化"应该重视，认真研究并推行。上述1986年的文件把"规范化"和"标准化"并列提出，指的都是一种准则，但是二者又有区别。主要区别在于语言文字规范化的对象是人的语言文字应用，带有人文性；而标准化是为物质产品的生产提出的，主要是技术性，但技术性的背后仍少不了人文性。语言文字规范化具有人文性，这可以从以下几点来说明：

第一，语言文字规范（下文称"语文规范"）要受语文政策的指导。自古至今各国政府多数都根据自身的需要提出全局性的语文政策，并采取必要的措施加以贯彻，推行语文规范就是其中的一项重要措施。中国的海峡两岸目前的语文政策有所不同。大陆推行简化字，汉字规范指的是包括简化字在内的规范汉字，而台湾地区仍旧使用繁体字，它的汉字规范只承认繁体字，排斥简化字。当今中国大陆的语文政策与20世纪50年代实行的已经有所不同。《国家通用语言文字法》规定："国家推广普通话，推行规范汉字。""国家颁布国家通用语言文字的规范和标准，管理国家通用语言文字的社会应用，支持国家通用语言文字的教学和科学研究，促进国家通用语言文字的规范、丰富和发展。"这就是现行的国家语文政策，制订并推行语文规范就是要落实上述的国家语文政策。

第二，国家通用语言文字的规范、丰富和发展是一个整体。规范不是语文工作的唯一目标，国家通用语言文字的丰富和发展同样不可或缺。语文工作必须讲究规范，这是毫无疑义的。如果连起码的规范都没有，语言文字就失去了交际职能，社会生产和生活就会遭遇极大的困难。我们的语言文字如果只注意规范，不注意丰富和发展，结果就是虽然规范但是贫乏而僵化，同样也不能成为理想的交际工具。

语言文字要丰富。一切有表现力的同义成分都要保护。例如，既可以说"喝茶"也要保留"吃茶""饮茶"；既可以说"愉快"也要保留"高兴""愉悦"；既可以说"上班以前"也要保留"没有上班以前"。我们在运用语文进行交际时，有丰富的语文资源可供选用，使我们的语文有很强的表现力和感染力。语言文字要发展。语言的使用贵在创新。当前中国社会发展得很快，语言文字出现了不少新成分新用法。例如，"高举中国特色社会主义伟大旗帜，为决胜全面小康社会实现中国梦而奋斗"里的"决胜"一词，意思是取得胜利，后面不带宾语，可是在上面的句子里它有了变化，带了宾语"全面小康社会"，这就是发展。类似的例子很多，如"魅力中国城""激荡起中国人的豪迈"等。这对已有规范是突破，这种突破是积极的，使语文有了新发展。对这种发展应予以肯定，不能死守已有规范而加以否定。

第三，语文规范要提高科学性。20世纪50年代制订的语文规范科学性较好，发生个别失误也能及时得到纠正。1977年12月20日发布的《第二次汉字简化方案（草案）》，专家和群众提出许多意见，几经修改也未能取得满意的效果，1986年6月24日国务院批准废止。

近些年来制订和修订的语文规范，有的在科学性上存在缺陷。1990年3月22日公布的《标点符号用法》比较成熟，而2011年的修订比较草率。例如，对句末点号的定义做了修改，强调句末点号用来表达句子语气，其实句末点号首先是表达句末停顿，而不是表示句子语气。关于分隔号的用法，2011年的修订漏掉了一种很常用的表示"每"的用法——"大白菜1.1元/公斤"里分隔号的用法。2013年发布的《通用规范汉字表》里出现了一些差错。例如"券"读quàn，指票据或用作凭证的纸片，而"券"读juàn，指疲劳，后作"倦"。"谄"读chǎn，指巴结、奉承，而"韜"读tāo，指可疑。《通用规范汉字表》却把"券"作为"券"的异体字，把"韜"作为"谄"的异体字。在《八人谈》里，潘佳说："现有的规范标准不算少，甚至偏多。"当前语文规范不是数量太少，而是科学性和实用性不足。

第四，语文规范既是限制，也是引导和服务。规范自然是限制，限制那些不符合语文规范的用法。例如"数风流人物，还看今朝"里的"还"，应该读hái，表示进一层，可是有人读为huán，意思变为回归：这是误读多音字的读音。又如"雄关漫道真如铁"里的"漫道"，意思是"不要说""别说"，可是电视剧《雄关漫道》却理解为漫长的道路。语文规范同时也是引导，引导使用者按照规范使用语言文字。语文规范要为群众服务，让群众使用方便，乐于使用。《通用规范汉字表》的某些规定缺少服务意识，增加了使用的麻烦。例如《第一批异体字整理表》规定"線"是"綫"异体，"綫"要简化为"线"，这样规定没有问题；可是《通用规范汉字表》却修改为："線：可用于姓氏人名，但须类推简化作'纟'。"《国家通用语言文字法》规定姓氏中的异体字可以保留，而《通用规范汉字表》却扩大到保留人名中的异体字。又如《简化字总表》规定"鐘""鍾"简化为"钟"，这样简化没有问题，可是《通用规范汉字表》修改为："鍾：用于姓氏人名时可简化作'锺'。"这样一改就会出现"钱锺书钟爱读书"，同一个"鍾"字一会儿写作"锺"一会儿又写作"钟"，极不合理。

语文规范要简明扼要，通俗易懂。1990 年 3 月发布的《标点符号用法》只有八千字，把标点符号规范的主要内容说得清清楚楚。而 2011 年 12 月发布的《标点符号用法》增加了两个非常繁复的《附录》，使用了不少术语。貌似全面，实际缺乏群众观点，广大的工农兵群众很难把这两个《附录》弄明白。语言文字规范涉及方面很多，政府颁布的规范要着重突出主要的方面，次要方面要由语文工具书和专家的著作作为重要补充。

第五，语文规范的推行是要做人的工作，政府主管部门要努力工作积极引导，但也要防止滥用公权力。下面举出两个实例。《汉语拼音正词法基本规则》颁布多年，但推行情况不佳。不少语文教材里的汉语拼音仍是按字注音，而不实行分词连写，影响了学生树立词的观念，因为有人担心一分词连写拼音就会成为拼音文字，而政府主管部门对此缺乏有力的措施引导。2009年8月23日，教育部、国家语委发布的《通用规范汉字表（征求意见稿）》里有"本字表以外的字，不再类推简化"的规定。在2013年6月5日国务院批准发布的《通用规范汉字表》里这句话已被删除。可是有些人曲解《通用规范汉字表》，宣称"今后表外字不再类推"（见《〈通用规范汉字表〉解读》），造成了繁简混用，出现了"纥缝、鸤鸠、鰕蛟、鱼罍鲙、鲂鮍"繁简混用的写法。其中的"纥、鸠、蛟、鲙、鲂"是表内字，可以类推简化，而"缝、鸤、鰕、鱼罍、鮍"是表外字，依据某些人提倡的《通用规范汉字表》以外的字不能类推简化。在楷书形成的两千年里，从未出现如此的混乱。这种乱象早该结束了。

（刊于《语言文字周报》2017年12月13日）

汉语拼音化研究简述

汉字是中华民族的祖先独立创造的自源文字，自殷墟甲骨文到现代已有三千三百多年。殷墟甲骨文是比较成熟的文字，在它之前汉字已经存在了至少两三千年。汉字对中华民族的发展繁荣起了很大的作用，在古代享有崇高的地位。1840年鸦片战争，中国被列强打败，面临被瓜分的危机。爱国人士积极探寻救国的道路，认为教育落后是重要原因，而教育落后又源于汉字难学难用，于是产生了改革汉字的思潮，主张把汉字改为拼音文字。1892年，福建人卢戆章说："中国字或者是当今普天之下之字之至难者。"五四时期这种思潮达到了高峰。1922年钱玄同发表《汉字革命》，他认为不但要"谋汉字的根本改革"，而且要谋"汉字之根本改革的根本改革"。"什么是'汉字之根本改革'？就是将汉字改用字母拼音，像现在的注音字母就是了。什么是'汉字之根本改革的根本改革'？就是拼音字母应该采用世界的字母——罗马字母式的字母。"与此同时也出现了不同的声音。1923年瑞典汉学家高本汉在《中国语与中国文》中说："中国人果真不愿废弃这种特别的文字，以采用西洋的字母，那决不是由于笨拙顽固的保守主义所致。中国的文字和中国的语言情形，非常适合，所以它是必不可少的；中国人一旦把这种文字废弃了，就是把中国文化实行的基础降伏于他人了。"1949年唐兰说："文字改革的主要目的是使文字易于学习，但改革文字必须注意到中国具体环境。中国语言同音字众多，改用纯粹的拼音文字是不可能的。考虑到汉字是承载着过去的历史文化，完全废除汉字更是行不通的。"高本汉和唐兰都认为汉字适合汉语的特点，汉语不适合使用拼音文字。1951年2月5日，吴玉章说："我本着自我批评的精神来说，我过去对文字改革的认识有以下两方面的错误：（一）认为文字是社会上层建筑……。（二）没有估计到民族特点和习惯，而把它抛开了。认为汉字可以立即用拼音文字来代替。这事实上是一种脱离实际的幻想。中国人没有拼音的习惯，以前念书的人少，懂得反切和音韵学的人更少。汉字已有悠久的历史，在文化生活上有深厚的基础，其改革必须是渐进的，而不应粗暴地从事。"吴玉章并不反对汉语拼音化，只是认为汉字不可以立即用拼音文字来代替。

1951年毛泽东主席指示说："文字必须改革，要走世界文字共同的拼音方向。"毛主席又指示我们：汉字的拼音化需要做许多准备工作；在实行拼音化以前，必须简化汉字，以利目前的应用，同时积极进行各项准备。1958 年 1 月 10 日，周恩来总理在《当前文字改革的任务》里提出了当前文字改革的三项任务，就是简化汉字、推广普通话、制定和推行《汉语拼音方案》。关于汉字的前途，他说："汉字在历史上有过不可磨灭的功绩，在这一点上我们大家的意见都是一致的。至于汉字的前途，它是不是千秋万岁永远不变呢？还是要变呢？它是向着汉字自己的形体变化呢？还是被拼音文字代替呢？它是为拉丁字母式的拼音文字所代替，还是为另一种形式的拼音文字所代替呢？这个问题我们现在还不忙作出结论。但是文字总是要变化的，拿汉字过去的变化就可以证明。""关于汉字的前途问题，大家有不同的意见，可以争鸣，我们在这里不打算多谈，因为这不属于当前文字改革任务的范围。"在这之后，政府推行的是文字改革的三项任务，对汉字的前途还不忙作出结论。

1986 年 1 月举行的全国语言文字工作会议贯彻中央提出的新时期语言文字工作的方针和任务，首先是促进语言文字规范化、标准化。因为 50 年代确定的三项任务，有些还没有很好完成，需要继续完成，所以方针中明确规定要"继续推动文字改革工作"。会议没有重申汉字要走世界文字共同的拼音方向，而强调的是在今后相当长的时期，汉字作为国家的法定文字还要继续发挥它的作用。对汉字的前途，会议认为周总理1958年讲的话仍然具有指导意义，仍然不宜匆忙作出结论。胡乔木在会议的闭幕式上的讲话指出："这次会议并没有妨碍我们的研究工作和各种实验工作的继续进行，也不影响各方面实际工作的开展。相反，它是要求我们加强研究工作、实验工作和在人民群众里进行更多的宣传、推广、实践工作的。"

1996年周有光先生发表《东西方之间的文化桥梁》，对拼音化作了解释。他说："进入信息化时代，必然进入拼音化时代。拼音化的含义不是'废除汉字，改用拼音'，而是'利用拼音，帮助汉字'。"1998年周有光出版了《比较文字学初探》。在这部著作中，他说："文字制度的重大变化都是在文字传播到异民族以后才发生的。在原民族中间虽然经常发生形体的量变，可是不容易发生结构的质变。传播到异民族中间以后，遇到了新的矛盾，由此引起新的创造。异民族对外来的文字，没有原民族那样固执的图腾习惯。"周先生看到了汉字在中国本土很难实现拼音化，但认为是由于"固执的图腾习惯"，却不如汉字基本适应汉语的特点更有解释力。2000年10月31日，第九届全国人大常委会第十八次会议通过的《国家通用语言文字法》第三条是："国家推广普通话，推行规范汉字。"整部法律都没有推行汉语拼音化的内容。

根据上面介绍的情况，我们得出的结论是：汉语拼音化不是国家的语文政策，但是专家学者和各界人士可以进行汉语拼音化的研究和实验。

（刊于《咬文嚼字》2019 年第 3 期）

汉语拼音由国内标准发展为国际标准

1958 年 2 月 11 日，第一届全国人大五次会议批准了《汉语拼音方案》，从那时起汉语拼音就成为用罗马字母拼写普通话的国家标准。这些情况大家都很熟悉，不用多说。本文要介绍的是经过多年的发展，汉语拼音也已经成为用罗马字母拼写汉语的国际标准。

这又包括两项内容。第一项是：汉语拼音成为用罗马字母拼写中国地名的国际标准。早在 20 世纪 60 年代，联合国地名专家组就主张，应该使地球上每个地名的专名部分只有一种拼写形式，避免在国际交往中地名因语言文字的复杂而造成混乱。1967 年联合国第二届地名标准化会议做出决议，要求世界各国、各地区在国际交往中都使用罗马字母拼写地名，做到每个地名的专名部分只有一种罗马字母的拼写形式，这就是"单一罗马化"（Single Romanization）原则。根据这个原则，在 1977 年 9 月 7 日召开的联合国第三届地名标准化会议上，我国代表提议采用汉语拼音作为中国地名罗马字母拼法的国际标准，会议通过了这个议案。例如，"北京"要拼作 Beijing，不拼作 Peking 或 Pekin。"焦作"要拼作 Jiaozuo，不拼作 Chiao-tso。汉语拼音开始走向世界。

第二项是：国际标准化组织（ISO）通过了《中文罗马字母拼写法》。在国际交往中，需要进行信息和文献的交流。由于使用罗马字母的信息和文献占主导地位，有必要把非罗马字母的信息和文献转换为罗马字母的信息和文献，这样会有助于图书目录的编写、图书文献的检索和分类、档案材料的管理以及计算机的自动处理。主管世界各国罗马字母拼写法标准的是 ISO/TC 46（国际标准化组织——信息与文献技术委员会）。

1979 年，周有光先生代表中国出席 ISO/TC 46 第 18 届会议，提议把《汉语拼音方案》作为用罗马字母拼写中文的国际标准。这个提议于 1982 年经各会员国投票通过。会议发布的文献是《ISO 7098 文献工作——中文罗马字母拼写法》，简称"ISO 7098（1982）"。这份文件规定："本国际标准说明现代汉语，即中华人民共和国法定语言普通话（见国务院 1956 年 2 月 6 日颁布的《关于推广普通话的指示》）的罗马字母拼写法原则。""中华人民共和国全国人民代表大会（1958 年 2 月 11 日）正式通过的汉语拼音方案，被用来拼写中文。

转写者按中文字的普通话读法记录其语音。"1991年，王均先生代表中国出席ISO/TC 46第24届会议，这次会议对"ISO 7098（1982）"进行了技术修改，成为"ISO 7098（1991）"。这份文件规定：使用ISO 7098（1991）的汉语拼音，可以通过拼音—汉字转换的方法输入输出汉字。这样拼音—汉字转换法就引进了国际标准。

2001年1月1日我国开始施行的《中华人民共和国国家通用语言文字法》，从法律上确定了《汉语拼音方案》的地位。为了在国际上进一步扩大《汉语拼音方案》的影响，反映当前中文罗马化新发展和实际应用需要，有必要对"ISO 7098（1991）"做出修改。2011年5月6日，在悉尼召开的ISO/TC 46第38届会议上，我国代表冯志伟研究员提出了修改"ISO 7098（1991）"的建议。2014年5月召开的ISO/TC 46第41届全体会议上，冯志伟就"ISO 7098（1991）"的修订问题说明了中国的立场，会后向ISO/TC 46秘书处提交了"ISO 7098"的国际标准草案。2015年7月27日，ISO/TC 46秘书处进行委员会内部投票，提案获得全票通过。2015年12月15日，ISO总部正式出版了"ISO 7098（2015）"，作为新的标准向全世界公布。

这次通过的"ISO 7098（2015）"有两大亮点，一个是把汉语拼音按词连写规则引入到国际标准中，这样可以降低汉语拼音产生歧义的数量。例如《通用规范汉字表》里面 bei 音节有 31 个字，jing 音节有 49 个字。用拼音拼写这样的音节很容易出现歧义，而双音词 beijing 只有三个词就是"北京、背景、背静"，如果把首字母大写，"Beijing"就只指"北京"一个词，消除了歧义。因为汉语拼音的按词连写十分复杂，有些问题还没有解决，还不能做到完全按词连写，而专有名词的按词连写比较容易，所以在"ISO 7098（2015）"中规定：在汉语拼音中人名、地名、语言名、民族名、宗教名这五种命名实体都要按词连写。这样就把按词连写引进了国际标准中，与"ISO 7098（1991）"比起来，这是一个重大的进展。另一个亮点是把汉字—拼音转写自动译音的方法引入到国际标准中。通俗地说，就是可以利用计算机或者加以必要的人工辅助，使这五种命名实体自动由汉字转换为合乎规范的汉语拼音。例如"鲁迅"这个笔名，以前至少有 12 种不同的拼写法，如法文拼作 Lou Sin，罗马尼亚文、捷克文、葡萄牙文拼作 Lu Sin，波兰文拼作 Lu Sun 等，根据"ISO 7098（2015）"自动译写为 Lu Xun。

此外，"ISO 7098（2015）"在汉语拼音标调、标点符号转换等方面列出了更为具体的规则及说明，更新了参考文献和普通话音节形式总表等。修订后的标准更

加符合当前信息时代发展的需要，使汉语拼音进一步走
向世界。

（刊于《咬文嚼字》2017 年第 9 期）

音节分界法简述

　　《中华人民共和国国家通用语言文字法》规定："国家通用语言文字以《汉语拼音方案》作为拼写和注音工具。"用《汉语拼音方案》对国家通用语言文字进行拼写时必须做到音节界限清楚。如果没有清楚的分界，人们就读不懂拼写的是什么意思，无法用拼音来交流。

　　要研究如何让拼写的音节界限清楚，就要先明白普通话的音节结构。普通话音节是由声母、韵母和声调三部分组成的。声母是音节开头的辅音，声母的后面是韵母。普通话里有 21 个辅音声母，就是 b、p、m、f、d、t、n、l、g、k、h、j、q、x、zh、ch、sh、r、z、c、s。有的音节开头没有辅音，如 an（安）、en（恩），这样的音节叫零声母音节。韵母又可以分为三部分：主要元音是韵腹，韵腹前面是韵头（也叫介音），后面是韵尾。如韵母 ian，其中 a 是韵腹，i 是韵头，n是韵尾。韵腹必不可少，韵头和韵尾可以有也可以没有。

声调指声音的高低升降，贯穿整个音节。

两个音节相连，前一个音节的末尾和后一个音节的开头界限必须清楚，不能含混不清。后一个音节如果有辅音声母，音节界限就清楚，相反如果后一个音节是零声母，界限就容易不清。例如："皮袄"拼为piao 就成为"飘"，"故意"拼为 gui 就成为"贵"。再有，辅音 n 既可作为前一个音节的韵尾，例如 tan（贪），又可作为后一音节的声母，如 nai（耐）。两个音节间如果是 n，有时也会界限不清。例如 fanan，既可以是"发难"又可以是"翻案"。还有鼻辅音 ng，是由两个字母构成的一个辅音，只能作韵尾，如 jing（京）。在注音时，有时也会分属两个音节：n 属于前一个音节的韵尾，如 lan（兰），g 属于后一音节的声母，如 gan（干）。前一音节的末尾是辅音 n 或 ng 的，也容易相混。例如 danao，不知是"大脑"还是"单袄"。dangan，不知是"单干"还是"档案"。以上这些容易混淆的问题，在《汉语拼音方案》中都得到了圆满的解决。

后一音节开头是零声母的音节分为两种情况：

（一）i、u、ü 这三个元音开头的韵母，其中的 i、u、ü 既可以作韵腹，如 i（衣）、u（乌）、ü（于），又可以作韵头，如 ia（压）、ua（挖）、üe（约）。拉丁字母的 y 和 w 一般用来表示半元音，可在《汉拼音方案》里却用作隔音字母，相当于辅音。《汉语拼音方案》规定在 i、u、ü 的前头分别加上 y 和 w，这样就和它前面的音节不混。例如"故意"拼为 guyi，"贵"拼为 gui。《汉语拼音方案》对 y、w 的用法有明确的规定。就是：

i 行的韵母，前面没有声母的时候，写成 yi（衣），ya（呀），ye（耶），yao（腰），you（忧），yan（烟），yin（因），yang（央），ying（英），yong（雍）。

u 行的韵母，前面没有声母的时候，写成 wu（乌），wa（蛙），wo（窝），wai（歪），wei（威），wan（弯），wen（温），wang（汪），weng（翁）。

ü 行的韵母，前面没有声母的时候，写成 yu（迂），yue（约），yuan（冤），yun（晕）；ü 上两点省略。

（二）a、o、e 这三个元音开头的韵母属于另一类，它们只能作韵腹，不能作韵头。如 an（安）、ou（欧）、en（恩）。为了和它前面的音节界限清楚，《汉语拼音方案》规定，在 a、o、e 的前面加上隔音符号，写作 'a，'o，'e，与前面的音节隔开。"皮袄"拼为 pi'ao，"飘"拼为 piao。

关于辅音字母 n 的使用，辅音 n 既可以出现在音节末尾作韵尾，也可以出现在音节开头作声母。如果两个 n 接连出现，前一个是韵尾，后一个是声母，如

kunnan（困难）。如果 n 的前后都是元音，汉语拼音采用了连读法，就是要尽后不尽前，例如 fanan 是"发难"。如果要拼写"翻案"，在后一个元音的前面要加隔音符号，写作 fan'an。

ng 两个字母表示的是一个鼻辅音，只能用作韵尾，不能作声母。遇到 n 和 g 两个字母相邻时，如果不是作韵尾，那么，n 就是前一个音节的韵尾，g 就是后一个音节的声母。例如"南关"拼作 nanguan，不可能是"囊弯"。如果要拼"囊弯"，就要拼作nangwan。

《汉语拼音方案》规定的 y、w 的使用和辅音拼音时的尽后都得到认真执行，可是隔音符号的使用却时常被忽视。例如：不久前出版的义务教育教科书《语文》一年级上册，其中的汉语拼音教学部分完全不讲隔音符号。在这次新编的教科书上就有因缺少隔音符号使音节界限不清的用例。如，二上 14 页的"企鹅"，应该拼作 qi'e，却拼成了 qie（且）。二上 16 页的"海鸥"，应该拼作 hai'ou，没有隔音符号就成了 haiou。有人说："企鹅""海鸥"每个音节上都有声调符号，可以避免音节界限混淆不清。我们认为，声调符号的有无，与是不是使用隔音符号是两个不同的问题，不要混在一起。《汉语拼音方案》是科学的方案。它靠自身的设计就能保证音节界限的清楚，而不依赖声调符号的有无。《汉语拼音方案》是全国人大批准的方案，教科书必须遵照执行，不得随意删减。为了引起社会各界对隔音符号的重视，下面列出用和不用隔音符号的对照词例：

guan 观，gu'an 固安

huan 欢，hu'an 护岸

jiang 姜，ji'ang 激昂

jie 街，ji'e 饥饿

kua 夸，ku'a 苦啊

lian 连，li'an 离岸

liao 聊，li'ao 李敖

piao 飘，pi'ao 皮袄

qian 千，qi'an 奇案

qie 切，qi'e 企鹅

tuan 团，tu'an 图案

xian 先，xi'an 西安

dangan 是"单干"，dang'an 是"档案"。

fangan 是"反感"，fang'an 是"方案"。

（刊于《咬文嚼字》2021 年第 1 期）

汉字的文白异读

不久前我听到一场诗朗诵，朗诵的是毛泽东的《沁园春·长沙》，"问苍茫大地，谁主沉浮"中的"谁"字，我认为应该读 shuí，朗诵者却读为 shéi。这就涉及汉字的文白异读的研究。文白异读与多音多义有别，自不待言。"谁"这个字在普通话里有两个读音，一个是 shuí，一个是 shéi，表示的意思相同，而语体风格不同，使用的范围也不同。在普通话和不少汉语方言中都存在文白异读。普通话的文白异读里最常见的是"谁"和"血"两个字。像这样的字语体风格怎么不同呢？"谁"读为 shuí 叫"文读"，用在古典诗文里，带有庄重典雅的风格；"谁"读为 shéi 叫"白读"，主要用在古今白话文里，带有通俗亲切的风格。二者是有明显区别的。《沁园春·长沙》这首词"指点江山，激扬文字"，充满青春活力，催人奋发进取。其中的"谁"应该用文读读为 shuí，如果读为白读 shéi 就显不出这种强烈的进取向上的气势。下面我再举出几个"谁"读为文读 shuí 的句子：

白居易《卖炭翁》："翩翩两骑来是谁，黄衣使者白衫儿。"

李绅《悯农》："锄禾日当午，汗滴禾下土。谁知盘中餐，粒粒皆辛苦。"

辛弃疾《南乡子·登京口北固亭有怀》："天下英雄谁敌手？曹刘。生子当如孙仲谋。"

辛弃疾《永遇乐·京口北固亭怀古》："凭谁问：廉颇老矣，尚能饭否？"

毛泽东《中国社会各阶级的分析》："谁是我们的敌人？谁是我们的朋友？这个问题是革命的首要问题。"

毛泽东《菩萨蛮·大柏地》："赤橙黄绿青蓝紫，谁持彩练当空舞？"

毛泽东《念奴娇·昆仑》："千秋功罪，谁人曾与评说？"

毛泽东《浪淘沙·北戴河》："一片汪洋都不见，知向谁边？"

下面是"谁"读为白读 shéi 的句子：

《红楼梦》第九回："贾政因问：'跟宝玉的是谁？'"

《红楼梦》第九回："李贵道：'小祖宗，谁敢望你请，只求听一句半句话就有了。'"

刘鹗《老残游记》第十四回："老残对人瑞道：'我也听说，究竟是谁出的这个主意，拿的是什么书，你老哥知道么？'"

《常宝堃相声选》："作为夫妻，谁也别让谁怕，还是互相尊重的好。"

《新华字典》第12版"谁shéi"：1. 问人：谁来啦？2. 任指，表示任何人，无论什么人：谁都可以做。

汉字"血"有文白异读。样板戏《红灯记》里"血债要用血来还"，第一个"血"读文读 xuè，第二个读白读 xiě。下面是"血"读为文读 xuè 的句子：

岳飞《满江红》："壮志饥餐胡虏肉，笑谈渴饮匈奴血。"

刘鹗《老残游记》第六回："冤埋城阙暗，血染顶珠红。"

鲁迅《记念刘和珍君》："四十多个青年的血，洋溢在我的周围，使我艰于呼吸视听，那里还能有什么言语？"

毛泽东《忆秦娥·娄山关》："苍山如海，残阳如血。"

下面是"血"读为白读 xiě 的句子：

刘鹗《老残游记》第十四回："俺妈看见，哇的一声，吃的两口稀饭，跟着一口血块子一齐呕出来，又昏过去了。"

鲁迅《药》："'包好！包好！'这样的趁热吃下。这样的人血馒头，什么痨病都包好！"

老舍《骆驼祥子》："虎姑娘已经嘱咐他几回了：'你这家伙要是这么干，吐了血可是你自己的事。'"

曹禺《雷雨》："我们在矿上流的血呢？"

《新华字典》第12版"血 xiě"：用于口语。多单用，如"流了点儿血"。也用于口语常用词，如"鸡血、血块子"。

再看几个例子：

塞：1. 多用于合成词或成语，如"闭塞、堵塞、阻塞、塞责、堰塞湖"里的"塞"用文读，读 sè；2. 多单用，如"把窟窿塞住｜往书包里塞了一本书"里的"塞"，用白读，读 sāi。

爪："鸡爪（zhuǎ，白读）子"，上了餐桌就叫"凤爪（zhǎo，文读）"。

鹤：在这幅画画了一只仙鹤（háo，白读）和一头鹿，取名为"鹤（hè，文读）鹿同春"。

臂："左臂、臂力、左膀右臂、振臂高呼"里的"臂"用文读，读 bì；"胳臂"里的"臂"用白读，读 •bei。

语言学家许宝华指出："文白异读即通常所谓读书音和口语音的不同。南北各地方言都或多或少有所表现，其中闽方言的闽南一片表现特别突出，以厦门话为例，读书音和口语音各司其职，几乎各自形成一个语音系统，成为体现闽南方言特色的重要内容之一。"（《中国大百科全书·语言文字》"汉语方言"条，中国大百科全书出版社，1988 年 2 月第 1 版，第 143 页）如果把普通话和汉语方言里的文白异读综合起来研究，一定会取得满意的结果。

文白异读是从一般的异读发展来的。一般的异读，例如"质量"的"质"读 zhì，也读 zhǐ；"复杂"的"复"读 fù，也读 fú。对一般的异读进行规范通常采用取舍法，就是从几个异读中确定一个为规范的读法，淘汰其余的读法。例如"质"规范读 zhì，淘汰 zhǐ；"复"规范读 fù，淘汰读 fú。对文白异读的规范不能用淘汰法，而是都要保留。规范的重点是什么条件下用文读，什么条件下用白读。这样就可以增强语言文字的表达力。如果也采用取舍法就会使语言文字干瘪枯燥。

（刊于《汉字汉语研究》2021 年第 2 期）

古典诗文的读音问题

　　为了继承优秀的传统文化，我们不时要阅读研究古典诗文，有时还要诵读。自古至今汉语是逐渐发展演变的，这种发展演变首先表现在语音上。阅读古典诗文用什么语音呢？古代没有录音机，古人的语音无法传留后世。音韵学家构拟出不同时代的语音系统，是用来说明语音演变的规律，非专业的音韵研究人员无法用来诵读古典诗文。现代人诵读古典诗文是给现代人听的，所以诵读古典诗文基本上还只能用普通话语音。用普通话诵读古典诗文是切实可行的，可是也会遇到一些特殊问题，需要研究解决。本文只就常见的三个问题，举例说明，供读者参考。

　　一、押韵。古典诗词是押韵的，用普通话来诵读古典诗词依旧押韵，和谐悦耳。例如李白《静夜思》："床前明月光，疑是地上霜。举头望明月，低头思故乡。"可是也时常遇到不押韵的情况。

　　杜牧《山行》："远上寒山石径斜，白云生处有人家。停车坐爱枫林晚，霜叶红于二月花。"押韵字是斜、家、花。

刘禹锡《乌衣巷》："朱雀桥边野草花，乌衣巷口夕阳斜。旧时王谢堂前燕，飞入寻常百姓家。"押韵字是花、斜、家。

孟浩然《过故人庄》："故人具鸡黍，邀我至田家。绿树村边合，青山郭外斜。开轩面场圃，把酒话桑麻。待到重阳日，还来就菊花。"押韵字是家、斜、麻、花。

这三首诗在唐代都是押韵的，"斜、家、花、麻"的主要元音相同。可是我们用普通话读时，"家、花、麻"很谐和，只有"斜"不押韵。这是由于"斜"字和其他三个字语音演变的规律不同而造成的，这使我们诵读时多少会失去优美的韵味。可这是无可奈何的事，我们也只能面对。有人不甘心就这样诵读，提出临时改读"斜"的读音，把 xié 改读为 xiá。声母 x 和介音 i 不变，只改动作为韵腹的主要元音，听起来就押韵了。有人甚至认为 xiá 就是"斜"的古音。这种办法从学术上说是不能成立的，普通话里"斜"只能读 xié，不能读 xiá。"斜"的古音是浊声母，也不读 xiá。这只是为了押韵而临时改读。整首诗都按照普通话来读，只有一个"斜"字随意改读也没有道理。早在宋代，朱熹读《诗经》时遇到不能押韵的字就临时改读为押韵的字，叫作"叶（xié）

音"。音韵学家早就批评了这种做法。其实这样改读也只能偶尔一用，无法推广。例如，苏轼《念奴娇·赤壁怀古》的上阕是："大江东去，浪淘尽，千古风流人物。故垒西边，人道是，三国周郎赤壁。乱石穿空，惊涛拍岸，卷起千堆雪。江山如画，一时多少豪杰。"其中的"物、壁、雪、杰"是入声字，演变到普通话韵母分别是u、i、ue、ie，很难用改读来使它变得押韵和谐，也只能听之任之，用普通话来读就是了。

二、平仄。古代诗词很讲求平仄，这是汉语诗词韵律的显著特点。用普通话来诵读，有的字改变了平仄，也会损伤原有的韵律美，这也是无可奈何的事。

杜牧《泊秦淮》："烟笼寒水月笼沙，夜泊秦淮近酒家。商女不知亡国恨，隔江犹唱后庭花。"这是一首七绝，前两句平仄格式是"平平仄仄仄平平，仄仄平平仄仄平"（加圆圈表示可平可仄）。其中的两个"笼"字本来读 lóng，是平声，合乎平仄；普通话"笼"读 lǒng，是仄声，不合乎平仄。

杜甫《月夜》："今夜鄜州月，闺中只独看。遥怜小儿女，未解忆长安。香雾云鬟湿，清辉玉臂寒。何时倚虚幌，双照泪痕干。"这是一首五律，前两句的平仄格式是"仄仄平平仄，平平仄仄平"。"看"字读 kān，是平声，合乎平仄；普通话"看"读 kàn，是仄声，不合平仄。"独"字古代是入声，入声是仄声，合乎平仄。

三、有的字在古典文献里有特有的音义，与普通话不同。诵读时要按照古典文献固有的读音，不能采用普通话的读法。

杜牧《过华清宫》："一骑红尘妃子笑，无人知是荔枝来。"其中的"骑"字在古典文献里区分词性：动词读 qí，如胡服骑射的骑；名词读 jì，如骑乘（jìshèng，指车马）的骑。普通话的"骑"字不区分动词名词，都读 qí，如铁骑、坐骑的骑。《普通话异读词审音表》审订的是普通话异读词的读音，所以规定"骑"统读 qí。这个统读不适用于古典文献。有人主张把"一骑红尘"里的"骑"按照《审音表》读为 qí。这是对《审音表》的误解，这个"骑"仍读 jì。

（刊于《咬文嚼字》2019 年第 4 期）

多音字的增加和减少

本文说的多音字指的是多音多义字，指一个字用不同的读音表示不同的意义，而不是指多音同义字（异读字）。从汉字的历史演变看，字的读音一面产生分化，出现多音字；另一面不断调整，去掉那些不必要的多音。结果就是使汉字里的多音字保持在一定的比例上，比较适合应用。这是我们研究汉字读音时应该很好地注意的。

多音字的增加主要有两个原因，一个是词义的引申，一个是汉字的假借。词义引申时常伴随着读音的改变，形成了多音字。例如：

降。《说文·阜部》："降，下也。"指由上走下来。《韩非子·外储说左下》："登降肃让，以明礼待宾。"古巷切，读 jiàng。引申为投降。《左传·襄公元年》："彭城降晋。"下江切，读 xiáng。

饮。指喝。《论语·述而》："饭疏食，饮水。"於锦切，读 yǐn。引申指使喝水。《左传·宣公十二年》："将饮马于河而归。"於禁切，读 yìn。

背。《说文·肉部》："背，脊也。"指脊背。《盐铁论·利议》："议论无所依，如膝痒而搔背。"补妹切，读 bèi。引申为用脊背驮。李商隐《李贺小传》："恒从小奚奴，……背一古破锦囊。"读 bēi。后作"揹"。《第一批异体字整理表》把"揹"并入"背"。

词的多数引申义和本义读音相同，例如"兵"的本义是兵器，引申指军队都读 bīng，本文不讨论这方面的问题。

由于文字的假借，母字与假借字的读音常有变化。例如：

夫。《说文·夫部》："夫，丈夫也。"成年男子的通称。《孟子·梁惠王下》："内无怨女，外无旷夫。"甫无切（甫是清声母），读 fū。假借为发语词。《左传·隐公四年》："夫兵，犹火也。"防无切（防是浊声母），读 fú。

女。《说文·女部》："女，妇人也。"指女子。《诗·郑风·出其东门》："出其东门，有女如云。"尼吕切，读 nǚ。假借为汝，表示第二人称。《诗·郑风·蒹兮》："叔兮伯兮，倡予和女。"忍与切，读 rǔ。

卒。指步兵。《左传·僖公二十八年》："子玉收其卒而止。"臧没切，读 zú。假借为"猝"，指仓猝，急速。《墨子·七患》："心无备虑，不可以应卒。"

仓没切，读 cù。

汉字简化时用近音代替，类似于古代的假借。例如：

干。干戈的干读 gān，代替枝干的幹，读 gàn。

只。仅只的只读 zhǐ，代替一隻两隻的隻，读 zhī。

斗。升斗的斗读 dǒu，代替鬥争的鬥，读 dòu。

多音字的减少，也有两条路：一是改读，一是改写。改读时义项不减少，只是读音并入其他。这种例子很多。例如：

擘。《玉篇·手部》："擘，裂也。"指分裂。《史记·刺客列传》："既至王前，专诸擘鱼，因以匕首刺王僚。"博厄切，读 bò。擘又指大拇指。《尔雅·释鱼》："蝮虺博三寸，首大如擘。"《集韵·锡韵》蒲历切，读 bì，后改读为 bò。

养。《说文·食部》："养，供养也。"指养育。《礼记·大学》："未有学养子而后嫁者也。"馀两切，读 yǎng。又指供养、侍奉。《孟子·梁惠王上》："彼夺其民时，使不得耕耨以养其父母。"馀亮切，读 yàng。后改读为 yǎng。

胜。指打胜仗。《孟子·公孙丑下》："战必胜矣。"诗证切，读 shèng。又指力能担任、经得起。《韩非子·扬权》："枝大本小，将不胜春风。"识蒸切，读 shēng，后改读为 shèng。

1985年12月发布的《普通话异读词审音表》减少了普通话中的一些多音字，方便了使用。例如：

叶。叶公好龙的叶审定为 yè，不读 shè。

吃。统读 chī。口吃（结巴）的"吃"本读 jí，现改读 chī。

从。统读 cóng。从容的从本读 cōng，现改读 cóng。

改写就是不改变字的读法，而是改变字的写法。改写可以减少多音字，但是增加了字数。例如：

舍。有两个读音，都写作舍：指房舍，读 shè；指舍去，读 shě。后来舍去的舍写作"捨"。《醒世恒言》第三十四卷："道人道：你莫非懊悔，不捨得这车子钱财？"《简化字总表》规定"捨"简化为"舍"，"舍"又成为多音字。

扇。有两个读音，都写作扇。指扇风的用具时，是名词，式战切，读 shàn；指摇动扇子使生风时，是动词，式连切，读 shān。后来动词的扇写作"搧"。《金瓶梅词话》第五十二卷："只顾搧扇子。"《新华字典》《现代汉语词典》都把"搧"作为异体并入"扇"，使扇成为多音字。

那。作指代词时读 nà，作疑问词时读 nǎ。《水浒传》第二十八卷："只见那箇人走将入来，问道：那箇是新到囚徒武松？"五四运动前后疑问词"那"改写为"哪"，"那"成为一音字。

全部消除多音字是做不到的，但是适当减少是可能的，特别是对群众中已经存在的减少趋势要积极加以引导。

（刊于《咬文嚼字》2016 年第 7 期）

谈谈"加油"和"口罩"的儿化

　　普通话是国家通用语言，它有明确的含义，那就是以北京语音为标准音，以北方话为基础方言，以典范的现代白话文著作为语法规范。普通话以北京语音为标准音，对于北京话中的儿化词语是不是普通话的成分，人们有不同的看法。有人认为，普通话既然是以北京语音为标准音，而北京语音里并不包含儿化，所以普通话里也不包含儿化。有些方言的语音里面没有儿化，讲这样方言的人学习儿化比较困难，把儿化排除于普通话之外，有利于推广普通话。也有人认为，普通话既然以北京语音为标准音，北京话里的儿化词语自然也就是普通话里的规范词语，二者是一致的。我认为这两种看法都有偏颇之处，需要经过讨论，才能统一认识。

　　普通话以北京语音为标准音，这里说的北京语音指的是北京语音的结构系统，也就是指它的声、韵、调和音节构成。这样的语音系统构成了北京话的物质外壳。北京语音里的 er 作为音节，独立使用时很少，只有"儿、而、耳、尔、二"等几个字。它的主要用法是附着在其他韵母的后面，使该韵母发音时带有卷舌成分，构成儿化韵母。许多儿化韵母的基本意义是表示小的，在情感上常有喜爱的意味。普通话有 39 个韵母，儿化后产生了 26 个儿化韵母，增强了语音的表现力。因为儿化韵母有自身的作用，所以北京话的语音系统必须包含儿化韵母。至于讲某些方言区的人学习儿化韵母有困难，这和学习 zh、ch、sh、r 这套翘舌声母一样，都是可以解决的。

既然北京话的语音系统包含有儿化韵母，普通话里也应该包含儿化韵母，二者是不是完全一致呢？不是的，普通话里包含或不包含哪些儿化词语是词汇问题，要结合普通话词汇系统来考虑。我们认为北京话里的儿化词语，有两类可以进入普通话。在阻击新冠肺炎疫情中经常用到的"加油"和"口罩"这两个儿化词，正可以作为儿化词进入普通话的代表。

先说"加油"。《现代汉语词典》解释是"添加燃料油、润滑油等"，例如"加油站"。在普通话里还有一个和它相关的儿化词"加油"，意思是"比喻进一步努力，加劲"。例如现在我们常说的"武汉加油"。这两个"加油"读音不同，意义也不同。这样的儿化词语应该进入普通话。下面是同类的例子，第二个词语是必须儿化的：

天：晴天｜天不错（第二个"天"表示天气，要儿化）

面：面粉｜磨成面（第二个"面"表示粉末，要儿化）

曲：曲艺｜小曲（第二个"曲"表示乐曲，要儿化）

印：印刷｜脚印（第二个"印"表示痕迹，要儿化）

歌：唱歌｜扭秧歌（"秧歌"指民间舞蹈，要儿化）

好：要好｜叫好（"叫好"表示赞赏，要儿化）

"口罩"属于另一种情况。它没有意义不同的非儿化词语，不具有区别意义的作用，但是习惯上要儿化，这种习惯已经被多数方言区的人们所接受。"口罩"在《现代汉语词典》的解释是"卫生用品，用纱布等制成，罩在嘴和鼻子上，防止灰尘和病菌侵入"。现代汉语里虽然没有和它对应的非儿化的"口罩"，可是它必须儿化。北京话不习惯没有儿化的"口罩"。这样的词语在北京话里有许多。例如：拐棍（手杖）、被面（被子不贴身盖的一面）、床单（铺在床上的长方形布）、窗花（剪纸的一种，多做窗户上的装饰）、杂牌（非正规的，非正牌儿的）、大杂院（有许多户人家居住的院子）等。我们怎么断定这样的儿化词语已经被人们所接受，进入了普通话？主要靠它具有明确性、必要性和常用性。

语言的基本词语带有稳固性，而一般词语是经常变化的，儿化词语属于一般词汇。新中国成立以来，北京话里的儿化词语有减少趋势。在老北京话里，"隔壁"读为 jièbiěr、"猜谜"读为"cāimèr"、"火柴"读为

"qǔdēngr"，这些儿化词语早已不说。有些原来要读为儿化的词语，现在也可以不再儿化。例如：上班、聊天、逗哏、晚辈、对联、眼镜等，这样的词语自然也成为普通话的成分。

从词语的应用说，上述北京话里的两大类儿化词语已经进入普通话。下面再说已经进入普通话的儿化词语，在用汉字写成的书面语里要不要写出"儿"字来的问题。可能是受到一个音节写为一个汉字的影响，这样的儿化词语在书面语里一般不写出其中的"儿"来。例如"冰棍、麻花、门槛、对联、收条"等。现在也没有人把"口罩、加油"写成"口罩儿、加油儿"。北京有些带有儿化的地名，如"大栅栏、灯市口、校场口"等，也不写"儿"。这些词语北京人不会读错，方言区的人也很少产生误解。至于学习普通话的读物、语文工具书，对于一定要儿化的词语要注明，或者写出汉字"儿"，或者用拼音注明"-r"，不能马虎。例如《现代汉语词典》"口罩"词条的注音是"kǒuzhào（～儿）"、"拐棍"词条的注音是"guǎigùn（～儿）"。至于使用汉字写成的汉语书面语如何准确地记录汉语，提高阅读效率，还有许多问题需要专门研究，才能提出有价值的意见。

（刊于《光明日报》2020 年 3 月 7 日）

由"癌"的改读谈同音字词的读音

英文的 cancer 传到日本，日本为翻译这个词专门造了个"癌"字，日语读がん。后来中国从日本引进"癌"这个字就读为 yán，逐渐流行。可是这个字进入汉语后和"炎"同音，造成了"肺癌"和"肺炎"同音、"胃癌"和"胃炎"同音等问题。"癌"和"炎"写出汉字来字形不同，可是读出音来却无法分辨。这就给应用带来很大的困扰。大夫对病人说：你得的是胃 yán，病人吓一跳，不知是"胃癌"还是"胃炎"。为了解决这个问题，人们对"癌"和"炎"这两个字的读音加以分化，使它们变得不同音。于是参考一些方言的读法把"癌"改读为 ái。1962 年版《新华字典》首先采用了这个读音，其他语文工具书陆续跟进，到现在这项改读已经被语言社会所接受。又如"一二三"的"一"本来读 yī，可是在打电话时唯恐对方把"一"错听为"七"，于是就改读为"幺（yāo）"，这是同义换读。

就汉语文来说，分化同音字词的读音开始得很早。清代赵翼《陔馀丛考·呼箸为快》条说："俗呼箸为快子。陆容《菽园杂记》谓起于吴中。凡舟行讳住讳翻，故呼箸为快子。"这是为了避讳。

1876年贝尔（A.C.Bell）发明电话，1877年爱迪生（T.A.Edison）发明留声机，人类的语言生活进入了传声时代。传声技术促进了共同语的普及和文体的口语化。人们要求使用的语言不但写下来能够看得懂，而且读出来能够听得懂。听不懂的语言无法适应传声技术时代的要求，所以分化同音字词的读音就成了语文工作中十分重要的问题。下面再举几个改换说法的例子：

学校要举行"期终考试"，为了避免把"期终"误解为"期中"，于是就改为"期末"。初版图书的"初版"，为了避免误解为"出版"，于是改为"第一版"。"受奖"和"授奖"读音相同，但是意义不同。"受奖"是得到奖励，"授奖"是颁发奖状、奖品等。为了避免误解，于是把"授奖"改为"颁奖"。"治癌"和"致癌"与此类似，为了避免误解，于是把"致癌"改为"患癌"或其他说法。改革开放初期曾经有过"治穷致富"的口号，意思很好；但是"治"和"致"连用，人们就会听成"治穷治富"，难于理解。

传声技术时代要求避免同音字词造成的误解，使用语言时要多多留心。

（刊于《咬文嚼字》2016 年第 6 期）

小议成语的意义和读音

成语属于固定词组，汉语的成语许多来自古代的典故，在意义上有二重性。这就是说许多成语字面上是一个意义，而在交际中使用的是另一个更深的意义。例如："胸有成竹"这个成语来自苏轼的《文与可画筼筜谷偃竹记》，原文是："故画竹，必先得成竹于胸中。"字面的意义是心里有完整的竹子，交际中是用来比喻做事之先已有成算在胸。汉语有丰富的成语，在交际中正确使用成语可以极大地提高语言的表达力。因为许多成语来自古代，它的意义和读音有些与现代不同。这就要求对成语的学习和运用要多下一些功夫，不要误解误读，造成交际的障碍。在这篇小文里，我们通过对三个在意义或读音上有分歧的成语稍做分析，供读者参考。

一、韦编三绝。《汉语成语词典（增订本）》（上海教育出版社 1986 年 12 月第 1 版）说："韦：熟牛皮；韦编：古代用竹简写书，用熟牛皮绳把写书的竹简编联起来，就叫'韦编'；三：概数，指多次；绝：断。

《史记·孔子世家》：'孔子晚而喜《易》……读《易》，韦编三绝。'意思是孔子晚年很爱读《周易》，翻来覆去地读，竟使编联《周易》的皮绳断了好几次。后泛用以形容勤奋读书。"这是"韦编三绝"这个成语的传统讲法。古文字学家商承祚在《"韦编三绝"中的韦字音义必须明确》一文中对这种讲法提出了意见。他从文献及考古资料两方面证明，古代竹简皆以丝线、丝绳和绸条编联，而无用皮绳之例。"韦编"之"韦"实为"纬"之初字。商先生这个意见很有道理，胜过传统的讲法。他根据的是文献及考古资料，理由充足。今后在讲这个成语时应采用商先生的意见。

二、暴虎冯（píng）河。《汉语成语词典（增订本）》说："暴虎：空手搏虎；冯河：徒步过河。比喻有勇无谋，冒险行事。《诗经·小雅·小旻》：'不敢暴虎，不敢冯河。'《论语·述而》：'暴虎冯河，死而无悔者，吾不与也。必也临事而惧，好谋而成者也。'"这是"暴虎冯河"这个成语的传统讲法。文字学家裘锡圭对这种讲法提出了意见。他在《文字学概要》里说："由于表意字多数造得很早，有时候能借助于某个表意字的字形，纠正长期以来对它所代表的词的含义的不够确切的理解。例如：古代形容人勇敢的'暴虎冯河'一语中的'暴'，《诗经·小雅·小旻》毛传和《尔雅·释训》

释为'徒搏'，这大概是相传的古训。从毛传开始，就把徒搏理解为空手搏虎（《诗经·郑风·大叔于田》毛传："暴虎，空手以搏之。"）。从有关古文字的字形，可以知道这种理解是有问题的。暴虎之'暴'是个假借字，通常作为'暴'字异体用的'虣'，从'武'从'虎'，是这个'暴'的本字。'虣'字在甲骨文里写作![字形]，在诅楚文里写作![字形]，表示用戈搏虎。可见暴虎应是徒步搏虎，并不是一定不拿武器。古代盛行车猎，对老虎这样凶猛的野兽不用车猎而徒步跟它搏斗，是很勇敢的行为。冯河是无舟渡河，暴虎是无车搏虎，这两件事是完全对应的。"裘先生根据《诗经·小雅·小旻》毛传和《尔雅·释训》把"暴"释为"徒搏"，又根据甲骨文和诅楚文里"暴"的字形确知"徒搏"的本义是用戈搏虎，而不是空手搏虎，否定了毛传的"暴虎，空手以搏之"的释义。裘先生的新解有充分的理由，可以相信。今后在讲"暴虎冯河"这个成语时应采用裘先生的意见。

三、高山景行。辞书对这个成语里"行"字的注音有分歧：《汉语成语词典（增订本）》注为xíng；《汉语成语大辞典（缩印本）》（上海辞书出版社1996年5月第1版）注为háng。《现代汉语词典》（商务印书馆2005年6月第5版）注为xíng，到了2012年6月第6版先注为xíng，后用"一说"补注为háng。释义是：

"高山景行 gāoshān-jǐngxíng 《诗经·小雅·车辖》：
'高山仰止，景行行止'（高山：比喻高尚的品德；景行：
比喻光明正大的行为，一说"行"读 háng，景行指大路；
止：语助词），后来用'高山景行'指崇高的德行。"
按照这样的解释，"景行"比喻光明正大的行为时，"行"
读 xíng；"景行"指大路时，"行"读 háng。《现代
汉语词典》的解释并没有解决读音的分歧问题。《诗经·
小雅·车辖》是一首迎亲曲，写一个小伙子驾车去迎娶
自己心爱的人。"高山仰止，景行行止"是说小伙子仰
望高山，走着大路。朱熹《诗集传》说："仰，瞻望也。
景行，大道也。"连同下面的几句诗，意思是说："高
山则可仰，景行则可行，马服御良，则可以迎季女而慰
我心也。"这说的是诗句的本义。《现代汉语词典》说
的"高山：比喻高尚的品德；景行：比喻光明正大的行
为"，用的是比喻义。这和"行"的读音没有关系。这
两句诗里的两个"行"字的意义和语法性质不同。为了
便于区别，我们给"行"分别加注 1、2，写为"高山仰
止，景行₁行₂止"。在汉语中古音里，"行"是多音
多义字。与我们现在讨论的诗句有关的只有两个不同的
音义。《广韵·唐韵》："行，胡郎切，伍也，列也。"
《广韵·庚韵》："行，户庚切，行步也，适也，往也，
去也。"演变到现代汉语，"行"表示名词性成分，如

行列、道路等读 háng；表示动词性成分，如行走、流行等读 xíng。按照现代汉语来读"景行₁行₂止"时，"行₁"读为 háng，"行₂"读为 xíng。"高山景行"是"高山仰止，景行行止"的缩略语，其中的"行"是"行₁"，所以要读为 háng。根据汉语古音学的研究，在《诗经》时代，"仰"属疑母阳部，"行"属匣母阳部，"高山仰止，景行行止"这两句诗是押韵的。可是用现代汉语读，"仰"读 yǎng、"行₂"读 xíng，就不押韵了。这是汉语古今语音演变的结果。我们今天诵读古代的诗文，是现代人读给现代人欣赏的；如果用上古音来读，虽然能取得音韵的和谐，可是却改变了读音和意义的联系，现代人会听不懂说的是什么意思。因此只能按照现代汉语的读音来注音来诵读，这是无可奈何的事。

（刊于《咬文嚼字》2020 年第 3 期）

联系诗词平仄谈汉字声调的变化

　　汉语是有声调的语言，声调能区别意义。例如音节 mai 读上声时是"买"，读去声时是"卖"；音节 sheng 读阴平时是"生"，读阳平时是"绳"。声调的类别古今不同，个别字所属的声调类别古今也常有变化。上古汉语的声调情况学者间认识并不一致，这里略去不谈。魏晋以后共同语有四个声调，就是平声、上声、去声和入声。现代汉语的吴方言、粤方言、闽方言等还保留着入声，而北方许多方言和西南方言里的入声已经消失，原来读入声的字改读为其他声调。现代普通话的四声是阴平、阳平、上声和去声。

　　我国的古典诗词很讲究格律，由声调构成的平仄是格律的重要组成部分。所谓"平"指平声，包括现在的阴平和阳平；所谓"仄"指的是上去入三声，"仄"的意思就是不平。古典诗词有严格的平仄格式，让平仄有规律地应用以显示语言的音韵美。例如：

春夜喜雨　杜甫

好雨知时节，当春乃发生。

⟨仄⟩仄平平仄，平平仄仄平。

随风潜入夜，润物细无声。

⟨平⟩平平仄仄，⟨仄⟩仄仄平平。

野径云俱黑，江船火独明。

⟨仄⟩仄平平仄，平平仄仄平。

晓看红湿处，花重锦官城。

⟨平⟩平平仄仄，⟨仄⟩仄仄平平。

诗中的"节、发、入、夜、物、黑、独、湿"在古代是入声字。画圈的字表示可平可仄。

有一批字的声调古今不同。要了解某个字在中古时的声调，可以查阅《广韵》《集韵》等韵书，同时还可以参考唐宋诗词的平仄格式。下面举出四个字来略作说明：

一、看。看的意思是视，今音读 kàn，属仄声。《广韵·寒韵》："看，视也。古寒切。"《广韵》寒韵字在中古都读平声，按平仄说属平声，折合成今音是 kān。唐·李白《望庐山瀑布》："日照香炉生紫烟，遥看瀑布挂前川。"按照七绝的平仄格式，遥看的"看"属平声，读 kān。"遥看"不能改为"遥望"，因为"望"读去声，属于仄声，与七绝的平仄格式不合。宋苏轼《题西林壁》："横看成岭侧成峰，远近高低各不同。"横看的"看"与遥看的"看"相同，中古读平声，不读去声。

二、笼。笼的意思是遮盖、罩住，今音读 lǒng，属仄声。《广韵·东韵》："笼，《西京杂记》曰：'汉制，天子以象牙为火笼。'卢红切。"《广韵》东韵字在中古都读平声，按平仄说属平声，折合成今音是 lóng。唐·杜牧《泊秦淮》："烟笼寒水月笼沙，夜泊秦淮近酒家。"根据平仄格式，第一句里的两个"笼"都属于平声，读 lóng。这个"笼"如果按今音读为 lǒng 就成了仄声，与平仄格式不合。宋·秦观《沁园春·宿霭迷空》词："宿霭迷空，腻云笼日，昼景渐长。"《沁园春》开头一句的平仄格式是：仄仄平平，仄平平仄，仄仄仄平。腻云笼日的"笼"属于平声，折合成今音读 lóng，一定不读上声，如果读成上声就违背了平仄格式的要求。

三、黑。黑的意思是像煤或墨的颜色，今音读hēi，属平声。《广韵·德韵》："黑，北方色。呼北切。"《广韵》德韵字都读入声，黑字带有塞音韵尾，有点像广州话的读法，属仄声。唐·杜甫《春夜喜雨》："野径云俱黑，江船火独明。"按平仄格式"黑"属仄声。唐·卢纶《塞下曲》四首之三："月黑雁飞高，单于夜遁逃。"按照平仄格式，月黑的"黑"属仄声，一定不读平声。

四、出。出跟"进""入"相对，今音读 chū，属平声。《广韵·术韵》："出，进也，见也，远也。赤律切。"《广韵》术韵字都读入声，出字带有塞音韵尾，有点像广州话的读法，属仄声。唐·王维《渭城曲》："劝君更尽一杯酒，西出阳关无故人。"按平仄格式，西出的"出"属仄声，一定不读平声。唐·白居易《忆江南》："日出江花红胜火，春来江水绿如蓝。"按平仄格式，日出的"出"属仄声，一定不读平声。

通过上面对这四个字的分析，我们想说明的是有些汉字的声调古今不同，平仄不同，读音也有改变。既然如此，我们是不是可以按古音来朗读这些诗词呢？不可以。虽然语言学家大略知道这几个字在唐宋时的读法，但是听众是现代人，不懂唐宋古音，所以还是要按普通话来读。按普通话来读，有些诗词的平仄格式会发生变化，影响了平仄的格律美。是的，这是没有办法的事。只有对这几个字的古音进行分析，讲明它们的读法和它所体现的平仄格式就理解了。

（刊于《咬文嚼字》2016 年第 10 期）

谈"获益匪浅"的"匪"

有的朋友对我说："获益匪浅"的意思我懂得，就是受到很大的益处或启发，可是这和匪徒的"匪"有什么关系？能不能改为"不"呢？下面就对这个问题谈点浅见，请朋友指正。

我们先看《说文》对"非"和"匪"的分析。《说文·非部》："非，违也。从飞下翅，取其相背。"可见"非"是动词，意思是违背。是象形字，由飛字下部表示翅膀的部分构成，取两翅相背的意思。例如，《韩非子·功名》："非天时，虽十尧不能冬生一穗。"（违背天时，即使是十个尧也不能让庄稼在冬天生长出一个穗子。）再说"匪"字。《说文·匚（fāng）部》："匪，器，似竹筐。从匚，非声。《逸周书》：'实玄黄于匪。'（把黑色的、黄色的束帛装在竹筐里。）""匪"是名词，指一种类似竹筐的器具。从匚，非声，是形声字。在上古，"非"和"匪"读音相同，都是滂母微韵。中古以后声韵相同，只是声调不同："非"读平声，"匪"读上声。这两个字的本义不常用，常用的是假借义。下面仅就它们的常见的假借义来谈一谈。

汉语的句子，根据谓语的性质可以分为三类：名词性谓语的句子叫判断句，例如："我是北京人。"动词性谓语的句子叫叙述句，例如："我同意。"形容词性谓语的句子叫描写句，例如："今天冷。"在文言里，判断句的肯定式不用系词。《史记·管晏列传》："管仲夷吾者，颍上人也。"（管仲管夷吾是颍上人。）否定式用系词"非"或"匪"。"非"或"匪"这时用的都是假借义。《庄子·秋水》："子非鱼，安知鱼之乐？"（你不是鱼，怎么知道鱼的快乐？这是判断句的否定式）《诗经·邶风·柏舟》："我心匪石，不可转也。"（我的心不是石头，不可以随便移动。这也是判断句的否定式）叙述句和描写句的否定式用否定副词"不"。《论语·宪问》："信乎，夫子不言，不笑，不取乎？"（是真的吗，他老人家不言语，不笑，不取？这是叙述句的否定式）《论语·子路》："君子泰而不骄，小人骄而不泰。"（君子安详舒泰却不骄傲，小人骄傲却不安详舒泰。这是描写句的否定式）叙述句和描写句有时也借用"非"或"匪"表示否定，相当于"不"。《左传·文公七年》："非威非怀，何以示德？"（不显示声威和不显示关怀，用什么显示德行？这是叙述句）《诗经·小雅·正月》："鱼在于沼，亦匪克乐。"（鱼在水池里，也不能够快乐。这也是叙述句）《诗经·大雅·烝民》："夙夜匪懈，以事一人。"（从早到晚不懈怠，来侍奉天子。这是描写句）

白话文里，判断句的否定式用"不是"，叙述句、描写句的否定式用"不"。鲁迅《故乡》："阿！这不是我二十年来时时记得的故乡？"（这是判断句）老舍《骆驼祥子》："自己穷到这样，不能再教心上多个黑点儿！"（这是叙述句）老舍《骆驼祥子》："祥子摇了摇头，'不要紧！'"（这是描写句）现代白话文里，某些成语里也出现否定词"匪"，这个"匪"是由古代沿用下来的假借义。例如："夙夜匪懈"（日夜勤劳，勤奋不懈）、"匪夷所思"（指事物怪异或人的言行离奇，不是一般人按照常理所能想象的）等。"获益匪浅"不是典型的成语，它的出现不早于清末，其中的"匪"字是仿古。可以改为"非"或"不"，写作"获益非浅"或"获益不浅"。

最后再说"匪"字的强盗义。这是它的假借义。大约产生在宋元之际，古代并没有这个意思。《大宋宣和遗事》前集："他有三千粉黛，八百烟娇，肯慕一匪人？"（岂肯羡慕一个匪人？）这个句子里的"匪人"说的是品行不端的人，指妓女，后由行为不端的人引申为强盗。

《清雍正八年正月二十八日密旨》："纵令匪徒布散妖言，亦岂能摇惑万一。"在白话文里，强盗义是"匪"的常用义。

（刊于《咬文嚼字》2017年第8期）

照相机的"相"和录像机的"像"

"camera"传入中国后，译成"照相机"。这很有道理，因为"相"指物体的外观，照相自然是照物体的外观。和照相机有关的相片、相纸、相册，也都用"相"。多年来，人们已习以为常。其间，虽有人把"相"写作"像"，但是不成气候，不被多数人所接受。后来有了录像机和摄像机，随之而来的还有录像、摄像、录像带、录像片等语词。这些语词中的"像"虽然也有人写成"相"，但是属少数，难与主流抗衡。1996年版的《现代汉语词典》中，"照相机"这个词里用的是"相"，而"录像机、摄像机"这两个词里用的是"像"，正反映了当前社会用字的真实面貌。

如果有人问，照相机的"相"和录像机的"像"，能不能用同一个"相"或"像"？从语音上说，在区分清浊音的方言里，"相"是清声母，"像"是浊声母，两个字不同音，不能合用。在普通话里二字同音，它们表示的是同一语素。汉字是语素文字，既然是同一语素，当然要写成同一个字。那么，为什么又写成了不同的字呢？这只能从历史中找答案。照相机这个词出现较早，在19世纪末就已经有了吧。1925年鲁迅写《论照相之类》，其中有"三十年前，S城却已有照相馆了"。民国初年出版的《辞源》已经收了"照相器"，这表明那时的习惯是用"相"。录像机、摄像机这一类词语产生得很晚，要到20世纪七八十年代才开始流传。这个时候社会用字的习惯变了，趋俗了。"相"表示物体的外观，有文言色彩，而"像"表示图像，自是白话语词。人们不大愿意使用比较费解的"相"，而愿意使用更容易理解的"像"。如果都改为"像"可能符合发展的趋势，但是"相"使用的时间很久，"相"字家族的成员很多。影响深远，不可小视。贸然改动，恐难奏效，只有维持现状，等待时间的裁夺。至于有的方言中，至今"相""像"仍旧不同音，情况就更复杂些。不过如今普通话的影响很大，普通话用字的习惯对方言常常有决定的意义。

（刊于《咬文嚼字》1998年第4期）

"身分"与"身份"

　　"身分"与"身份"哪个写法符合规范？对这个问题，政府主管部门并没有做出明文规定，要靠报刊的示范和辞书的引导。从使用情况看，本来用的是"身分"，过了一段时间后才又有了"身份"，于是"身分"和"身份"成为并存并用的异写词。据笔者的观察，在"文革"前还是"身分"占优势。1978年版《现代汉语词典》将"身分""身份"合在一条，而把"身分"列在前面，正反映了这个事实。后来"身份"的使用频率突然高了起来，我猜想这和"居民身份证"用了"身份"有关。"居民身份证"是政府颁发的，这似乎意味着政府选用了"身份"这个写法。1996年版《现代汉语词典》做了相应的调整，"身分""身份"都单独出条，在"身份"下注音、释义，而在"身分"下注：同"身份"。显然，天平在向"身份"倾斜。

　　现在我们来研究一下"身份"这种写法为什么会出现，而且能够得到流传。我想这可能和分化多音多义字有关。多音多义字在使用时要音随义转，非常不便，人们希望把它改变为一音字。改变的办法有几种，一种就是改写。例如，"那"本来有 nà 和 nǎ 两个读音，分别表示指示和疑问。后来从"那"字中分化出"哪"字，读 nǎ，专门表示疑问，"那"就只有 nà 一音一义了。照此办理，"分"有 fēn 和 fèn 两个读音，fēn 是常读。如果把读 fèn 的"分"都写成"份"，"分"不就只剩下了 fēn，成了一音字了吗？"身分"写成"身份"就是这样一种努力。可事实上，这样分化有困难。根据《现代汉语词典》，读 fèn 的"分"有几个义项。1. 成分：水分｜盐分｜养分。2. 职责、权利等的限度：本分｜过分｜恰如其分｜非分之想。3. 情分；情谊：看在老朋友的分上，原谅他吧。显然，这些词语中读 fèn 的字不可能都写为"份"。文字的使用有强烈的社会性，把这些都写为"份"缺乏社会基础，群众不习惯，不支持，何况还多了两笔。既然不可能用这种办法把"分"这个多音字改为一音字，单独把"身分"改为"身份"也就没有意义了。还要注意一个事实，多音字的读音，非常读有向常读靠拢的趋势，读 fèn 的"分"在向 fēn 靠拢。当前，在北京多数人是把"身份证"的"份"读为 fēn，很少有人读为 fèn。这种变化如果得到巩固，写的是"份"，读的是 fēn，"份"字岂不要增加 fēn 的读音？

"分"这个多音字的读音没有减少，而"份"又成了多音字，这又何苦呢？根据以上理由，我们认为还是使用"身分"的写法较好。香港《语文建设通讯》1992年第2期上有篇文章，介绍了台湾"行政院秘书处"1985年颁布的《文字处理档案管理手册》，其中规定"部分""身分"词中一律用"分"而不再用"份"。

（刊于《咬文嚼字》1998年第4期）

作者注：

在政府准备换发二代"居民身份证"的时候，笔者于2002年2月8日的《光明日报》发表《"身份证"的"份"应该用"分"》，提出了"身份证"的"份"应该改用"分"的意见。这个意见在发表前曾报请教育部、国家语委审阅，得到教育部、国家语委的支持，并且向国务院反映了意见。可是转到国务院主管部门后，主管部门以"身份证"用字已成社会习惯，不宜改动为由未予采纳。这说明当时处理这件事的工作人员对于语文问题并不熟悉，对于专家的意见也没有认真研究。

"翻一番"与"翻一翻"

2001年12月7日《北京晚报》有这样一个句子:"据了解,北京市目前只有百万家园、公信正实、联华等几家具备资质的家装监理公司,拥有上岗证的监理员也才100多人,其中百万家园就占了40多人。即便这个数字再翻一翻,也无法满足众多家庭用户的需求。"其中的"翻一翻"应该是"翻一番"。"翻一番"与"翻一翻"是形近、音近而意义、用法不同的易混词组,有必要加以辨析。下面先举出两个例子,然后做点分析:

1. 微机和网络的计算容量每18个月翻一番所带来的残酷速度和效率形成了一个巨大陷阱,越是强大的系统,人们就越要花时间去维护它们,并为其开发软件,排除故障和冲突,学会新的版本,不停地操作来操作去……(《中华读书报》2001年12月12日)

2. 当时我们三个家人以及殡仪馆的三个火化工人都在屋内。大约过了30分钟,工人正用铁钩想把遗体翻一翻,我当时就看见一个已经烧得通红的东西。(《北

京晚报》2001 年 12 月 22 日）

　　例 1 里的"翻一番"读作 fānyīfān，"一"和"番"不轻读。从结构上说是述宾结构，"翻"是述语，表示动作，"一番"是数量词作宾语，表示数量。"翻一番"的意思是增加了一倍，即"原数 ×2"，例如 100 翻一番就是 200。"翻一番"里的"一"可以根据表达的需要改为其他数词，如"翻两番""翻十番""翻许多番"。"翻两番"的意思是"原数 ×2×2"，100 翻两番就是 400。"翻一番"也可以省去"一"，说成"翻番"，如"粮食产量再次翻番"。"翻"的后面可以加"了"，说成"翻了一番"，强调"翻"的动作已经完成。

　　汉语里还有另一个"一番"，一般要读得轻些。用在动词后面，作为数量补语，意思与"一遍"相近，指动作经历了从头到尾的过程。例如："我们每天都要洗脸，许多人并且不止洗一次，洗完之后还要拿镜子照一照，要调查研究一番，生怕有什么不妥当的地方。"（毛泽东《反对党八股》）动词后面也可以加"了"，强调动作已经完成。例如："老者又细细看了祥子一番，觉得他绝不是个匪类。"（老舍《骆驼祥子》）这个"一番"里的"一"不能换成其他数词，不说"调查研究两番""看了祥子三番"。

　　从理论上说，"调查研究一番""看了祥子一番"

里的动词可以换成"翻"，构成"翻一番"，意思是"翻一遍"。这个"翻一番"与例1里的"翻一番"书写形式虽然相同，而读音与意义并不相同。而语言事实是，这样的"翻一番"并不存在，人们实际使用的是"翻一遍"。我想这恐怕是要避免与"翻一翻"相混，使语言的表达更加精确吧。

例2里的"翻一翻"读作 fānyifan，"一"和第二个"翻"要轻读。从结构上说它是单音动词"翻"的重叠式，表示一个短促的动作，与"一下"相近。例如："他那里有本新出版的书，我想带回去翻一翻。""翻一翻"里的"一"可以去掉，说成"翻翻"。例如："我想讲一点我的当作消闲的读书——随便翻翻。"(鲁迅《且介亭杂文·随便翻翻》)"翻一翻"里面的"一"不能换成其他数词，不能说成"翻两翻""翻几翻"。"翻翻"的中间可以加"了"，说成"翻了翻"，表示动作已经完成。例如："我把那本书拿过来翻了翻。"还可以加"了一"，说成"翻了一翻"。

总之，"翻一番"（"一番"不轻读）表示数量增加了一倍，"翻一翻"（"一翻"轻读）表示短促的动作。两者不同，应该加以明确区分，不能混用。

（刊于《咬文嚼字》2002年第3期）

"越……越……"和"愈……愈……"

《现代汉语词典》"越²"读 yuè："叠用，表示程度随着条件的发展而发展（跟'愈……愈……'相同）：脑子越用越灵｜争论越认真，是非越清楚。""愈²"读 yù："叠用，跟'越……越……'相同：山路愈走愈陡，而风景愈来愈奇｜愈是情况紧急，愈是要沉着冷静。"可见，"越……越……"和"愈……愈……"只是读音不同，意义和用法相同。《现代汉语八百词》："'愈……愈……'同'越……越……'。多用于书面。"这告诉我们，这两个格式在语体风格上有差异，"愈……愈……"多用于书面，"越……越……"多用于口语。

现代汉语书面语应该和口语尽可能保持一致，这是五四白话文运动取得的重大胜利。既然口语中多说"越……越……"，不说或很少说"愈……愈……"，那么现代书面语中就应该写"越……越……"，而不写"愈……愈……"。当前人们的写作实践也正是这样："越……越……"用得越来越多，而"愈……愈……"

用得越来越少。

在汉语规范化中，白话文应当提倡使用纯净的口语，尽量不用脱离口语的书面语。现在有些人写文章，时而用"越……越……"，时而用"愈……愈……"，造成了混乱。例如：

汗透衣襟，背包愈来愈沉重的感觉我已习以为常。……腹内空空的绞痛感与嗓子眼儿快要冒烟的干渴感令人越来越难耐。（《北京青年报》1997年8月1日）

把"愈……愈……"都改为"越……越……"，有没有困难？《现代汉语词典》收有"愈演愈烈"，意思是"（事情、情况）变得越来越严重"。现在我们还很少听见有人把"愈演愈烈"说成"越演越烈"的。从尊重语言事实出发，应保留"愈演愈烈"。下面这个例子里"越……越……"和"愈演愈烈"混用，估计作者是有考虑的：

随着盗版速度的加快和盗版技术的提高，盗版书的覆盖面越来越大，受害者也越来越多。要使这种愈演愈烈的势头得到遏制，关键就在于探寻一种切实有效的"严打"措施。（《中华读书报》1997年7月23日）

语言又是发展的。在"越……越……"的影响下，"愈演愈烈"会不会也改为"越演越烈"了呢？如果读者觉得上面那句里"越……越……"和"愈演愈烈"混用不顺眼，统一为"越……越……"的日子也就快到了。我们相信，在"越……越……"这个强大势力的影响下，"愈演愈烈"也会变成"越演越烈"的。

（刊于《咬文嚼字》1998 年第 4 期）

"葬"字的演变

甲骨文里有 、、、 这样几个字，古文字学家认为是"葬"字的初文。裘锡圭说："象人埋坑中而有'爿'荐之，象残骨埋于坑中，应为一字异体，或释'葬'，似可以。"（《论"历组卜辞"的时代》，《古文字研究》第6辑）中国社科院考古所在《小屯南地甲骨》一书中认为："：字从 从口。为尸，口为棺、椁，象置尸于棺椁中，有埋葬义。"其中的口象墓坑，有的四角有交叉作 ，象棺椁。

到了春秋晚期的金文"葬"作 ，是在甲骨文"葬"字上增加义符，使表义更明确。金文"葬"的下面是由两手组成的廾（读 gǒng），表示人用手把逝者下葬。上面是竹，表示覆盖在逝者身上的竹席一类的东西。中间是尸体和残骨构成的死字。死字的上下各有一横，这两横可能是棺椁的前后板，是口省去左右两个竖画而形成。两个竖画之所以要省去，是因为竹简的横向较窄，口字的横向过宽，书写时写不开。古文字中四框形省去左右的竖笔很常见。20世纪80年代湖北省云梦县睡虎地出土的战国晚期秦国竹简里"葬"作 𦱋 ，与春秋晚期的金文一脉相承。战国时六国文字里的"葬"变化很大，反映了"文字异形"的状况。这里无法详述。

"葬"字小篆作 𦱴 。《说文·茻（读 mǎng）部》："葬，藏也。从死在茻中。一其中，所以荐之。《易》曰：'古之葬者，厚衣之以薪。'"其中的"一其中，所以荐之"意思是一横是用来垫着尸体的草席。"葬"字由春秋晚期金文、睡虎地秦简发展为小篆有讹变。上面的竹和下面的艹讹变为四个屮组成的茻。中间部分从人从歺，就是古代的"死"字，"死"字上下两横只保留了下面的一横。《说文》根据讹变后的小篆字形加以解说。"厚衣之以薪"意思是用草木厚厚地包裹尸体，这并不完全符合事实，但《说文》的影响很大，以讹传讹，流传至今两千多年。《说文》用"藏"解释"葬"。这两个字古音相近，葬上古属精纽阳部，藏上古属从纽阳部。用读音相近的字解释，这叫作声训，声训解释为什么把掩埋尸体叫"葬"。《礼记·檀弓上》："葬也者，藏也；藏也者，欲人之弗得见也。"《论语·为政》："生事之以礼，死葬之以礼。"

由小篆演变为隶书和楷书。小篆"死"字一横本来在下面，隶楷里移到上面成为"死"。小篆 𦱴 到隶书楷书作塟。《广韵·宕韵》："塟，藏也。则浪切。"《王力古汉语字典》："塟，埋葬。"塟藏音近义通，二字同源。

（刊于《咬文嚼字》2017 年第 10 期）

"隹"和"佳"

在现行的汉字中，"隹"和"佳"是形、音、义都不同的两个字。《新华字典》11版："隹 zhuī 短尾巴的鸟。"释义后没有例词，说明这个字不单用，只用于组字。用它组成的字有"骓椎锥魋谁睢难雄雏隽集焦崔售雀翟"等。"佳 jiā 美，好的：佳音（好消息）｜佳句｜佳作。"东汉许慎著《说文解字》以小篆作为字头，"隹"作，"佳"作，有明显的分别。在《说文解字》里这两个字的释义和构字方式也不同："隹，鸟之短尾总名也。象形。""佳，善也。从人，圭声。"

汉字演变为楷书以来，"隹"和"佳"字形变得相近，容易混淆。用楷书印制的古籍里已经发现这个问题。例如，王弼本《老子》第三十一章："夫佳兵者不祥之器。"这个"佳"字应该是"隹"。王念孙《读书杂志》："佳当作隹，字之误也。隹古唯字也（唯或作惟，又作维）……古钟鼎文唯字作隹，石鼓文亦然。"王念孙的意见是正确的。

现代有时也见到"隹""佳"相混的例子。几年前有位歌唱家认为简化字不如繁体字。他以繁体的"進"和简体的"进"为例，认为繁体的"進"从辶从隹，意思是向前走就进入佳境，而简体的"进"从辶从井，意思是向前走就掉到井里。其实他把"進"和"进"的字形都分析错了。《说文·辵部》："進，登也。从辵，閵省声。""閵"是音符，省去了其中的"門"只剩下"隹"。他把"隹"误认为"佳"，曲解为佳境的佳。简化字"进"里的"辶"是意符，表示行走，而"井"是记号，不表意，不能讲为掉到井里。

近来有人解释困难的"难"字，把"难"分解为从"又"从"隹"。解释说遇到了困难，但不是坏事，它可以激励我们奋发向上，克服了困难就出现了佳境，就变得更为美好。这种解释没有根据。"难"是简化字，它的繁体作"難"，是形声字。右边的"隹"是意符，指鸟名；左边的部分是音符，简化为"又"，是符号代替，不表意。"难"的本义为鸟名，假借为难易的"难"。"隹"不能分析为"佳"。

甲骨文里有"隹"字也有"鸟"字，有什么区别？有的专家指出凡"鸟"字皆突出其喙形。至于意义，《说文》认为："隹，鸟之短尾总名也。""鸟，长尾禽总名也。"清代文字学家段玉裁作的注说："短尾为隹，长尾为鸟。

析言则然，浑言则不别也。""析言"指分开说、区别地说，"浑言"指合起来说、笼统地说。这是目前许多人接受的讲法，以后会不会有改变，要看有没有发现新的资料。

（刊于《咬文嚼字》2019 年第 12 期）

"挨"和"捱"

东汉许慎写的《说文解字》有"挨"字，没有"捱"字；"挨"的意思是"击背也"。宋代的《集韵》有"捱"字，意思是"拒也"。这两部字书提供的意义都是文言义，这两个字在文言中的读音也不同。在宋元以来的古代白话中，这两个字都有了新的意义，读音也逐渐接近。在明代的《正字通》里："挨，今俗凡物相近谓之挨。""捱，俗谓延缓曰捱。"大约到了清末，这两个字的白话音义可以相通，开始混用。1915年出版的《辞源》里说："挨，1. 强进曰挨。2. 凡物相近，亦谓之挨。3. 身受之义，如俗言挨打挨骂是。""捱，1. 拒也。2. 俗谓延缓曰捱。3. 与挨通，如被打亦曰捱打。"显然，当时"挨打"也可以写作"捱打"。自清末到民国，与这两个字有关的现代意义可以归纳为两组：一组表示接近，读 āi，一般用"挨"，如挨近、挨个；一组表示遭受、忍受，读 ái，"挨""捱"混用，如挨打、捱打。1932年南京政府教育部公布的《国音常用字汇》规定："挨"读 āi，"捱"读 ái。对这个规定可以理解为：表示接近义读 āi，用"挨"；表示遭受、忍受义读 ái，用"捱"。从后来应用的情况看，这一规定没有收到预期的效果：表示接近义，用"挨"；表示遭受、忍受义，多数用"挨"，少数人用"捱"。1955 年 12 月 22 日文化部、文改会发布《第一批异体字整理表》，对 810 组异体字规定了取舍，例如选"翱"废"翶"、选"霸"废"覇"，可是表中并没有"挨"和"捱"。这就是说政府主管部门对"挨"和"捱"的使用还没有明确的规范。语言文字的规范标准有两类，一类是政府标准，一类是专家标准。对没有政府标准的，就要依据专家标准。

当前，语文工具书对"挨""捱"的处理有三种类型。第一种像《辞海》（1979 年版），"挨""捱"都作为字头，注明两者可以相通："挨"（ái）通"捱"，"捱"（āi）通"挨"。第二种像《现代汉语规范字典》，"挨"出字头，注音释义。"捱"入备查字，出字头，读 ái，"同'挨'。现在通常写作'挨'"。第三种像《现代汉语词典》，明确"挨"为规范字，在 ái 下注明"捱"是异体，写在括号内。它告诉读者表示遭受、忍受义，应该用"挨"，不能用"捱"。怎么看待这三种不同的处理方式？《辞海》是参考型的工具书，它告诉我们"挨""捱"的用法在文献上存在交叉，并不回答哪个写法合乎规范，因此不能作为规范用字的依据。《现代汉语规范字典》只表明了"捱"是"挨"（ái）的异体字，并没有指明当前规范字只能用"挨"。"通常写作'挨'"隐含着也不一定写作"挨"。从明确用字规范的角度说，这种处理方式可能不是最好的。《现代汉语词典》是规范型词典，对规范用字有很大的影响，它对这两个字的处理是合理的、符合实际情况的，可以作为我们使用的依据。

（刊于《咬文嚼字》1999 年第 9 期）

酆都·丰都·豐都

20世纪五六十年代，我们改换了三十几个用字生僻的地名。四川酆都的酆生僻难认，自然在改换之列。1958年9月22日，经国务院批准，酆都改为丰都。丰酆同音；丰字只有四笔，易认易写；由丰组成的丰收、丰富等词语都是好字眼。从这两点看，可以说这个改换是成功的。可是最近十多年来，繁体风也吹到了丰都，有人要把丰都写成繁体字。根据《简化字总表》，丰的繁体是豐，于是丰都就成了豐都。酆都经过了简化和繁化，竟然变成了豐都！豐都，这是个从来没有过的写法，是个不应该出现的写法。

改换生僻地名用字和简化汉字，是分别进行的两件事。要求不同，采用的方法也不尽相同。改换生僻地名用字是以单个地名作为对象，成熟一个改换一个。某字在甲地名中被改换了，在乙地名中是不是要改换，要另外研讨，不能靠类推的办法就得出结论。而且用来改换的字都是已有的，和被改换的字最好是同音同调，字义还要比较吉祥，容易被当地群众接受。简化汉字是以笔画繁复的字为对象，目的是减少笔画，以方便应用。一个字简化以后，只要用的是简化字文本，不管出现在什么词语中就都要简化。简化字可以采用已有的字，也可以采用新造的字。《简化字总表》只收简化字，但是把改换的生僻地名字列在附录里。这两种情况有相通之处，都是以简易代替繁难，而其实并不相同。要注意区分，避免相混。把丰都繁化为豐都，就是把改换生僻地名而采用的丰字当作了简化字丰。

从汉字研究来说，能不能把改换生僻地名用字纳入简化汉字之中呢？不可一概而论，有的可以，有的不可以。一个字如果只用作地名，作为简化字处理，可能比较方便。例如，鄱阳县和鄱阳湖都有鄱字，而且县是以湖得名。1957 年 2 月鄱阳县改换为波阳县，而鄱阳湖这个湖名却不在改换范围之中，结果造成了县名和湖名的歧异。如果当初作为简化字处理，就不会出现这种情况。另一方面，如果某个字既用作地名，又用作非地名，能不能作简化字处理，要做具体分析。例如，醴泉的醴如果作为简化字改为礼，那么意思是甜酒的醴酒就要简化为礼酒，意思就变了。此外，地名往往负载着文化，改换生僻地名用字还要考虑是不是会影响对典籍的理解，所以应该慎重。

（刊于《咬文嚼字》1998 年第 4 期）

刀部字例释

　　《说文·刀部》有单字 62 字，重文 9 字，其中现代常用字大约有 28 个。大徐本《说文新附》字 4 个：刬、剜、劇、刹。"大徐"指南唐至宋初的文字学家徐铉。其后又产生了一批新字，如刨、剁、剃、剩、剿等。这些刀部字其中有的构形理据不详，如《说文新附》字"劇""刹"大徐本就注明："从刀未详"。下面我们选择 14 个含有字符刀或与刀有关的字略作解说，从中可以说明汉字演变的一些规律，供读者参考。

　　1. 刀。甲骨文刀象刀形，是象形字。自古至今，刀字的结构未变。用作偏旁时，隶书刀多演变为刂。《说文·刀部》："刀，兵也。象形。"指一种兵器，泛指切割的工具。刀作意符构成的字，多数是动词，指切割一类的动作。如：刎、割、创、刺、剃、刻、剖、剥、削、分、切。用刀作音符构成的字很少，常用的只有到字。

　　2. 剔。《说文·刀部》："剔，解骨也。从刀易声。"解骨：分解骨肉。许慎《说文》里本来没有这个字，这是徐铉增补到正文里的。

3. 初。《说文·刀部》："初，始也。从刀从衣。裁衣之始也。"吴其昌《金文铭象疏证》："初民无衣，大抵皆兽皮以刀割裁而成，衣之新出于刀，是初义也，故初确系从刀。"初字的构字反映了先民的衣着文化。

4. 前。小篆歬字的意思是前进。《说文·止部》："歬，不行而进谓之歬。从止在舟上。"徐灏《段注笺》："人不行而能进者，唯居于舟为然，故从舟。止者，人所止也。"是会意字。小篆前字的意思是剪断。《说文·刀部》："前，齐断也，从刀歬声。"刀是意符。齐断：整齐地剪断。用歬表示前进比较费解，从止从舟容易理解为停止。为了避免误解，后来就借用前（jiǎn）字来代替，这是假借。前被借用表示前进，不再表示剪断，剪断的意思就要另想办法。于是前字加意符刀造出剪字表示剪断。剪是形声字，从刀前声。这个例子说明，表示某个意义的用字是可以改变的。歬字本来表示前进，前字本来表示剪断；后来前字表示前进，剪字表示剪断，歬字不再使用。

5. 切。《说文·刀部》："切，刌（cǔn）也。从刀七声。"刌：切断。丁山《数名古谊》："七之见于卜辞、金文者通作十。……本象当中切断形，自借为七数专名，不得不加刀于七，以为切断专字。"这就是说，在商周古文字中，由横画与竖画相交组成了两个字：一个是横画略长竖画稍短，表示某物被工具切断，是切开的切字；另一个是横画与竖画长短相近，或竖画略长，是甲胄的甲字。这两个字形体相似容易相混，后来就把切的竖画的下端改为右弯，就变成了七。七字本来是切断的切，假借为数字的七。为了区分本义切与假借义七，就给表示本义的七加上意符刀组成了切。切字是形声字，从刀七声。

6. 分。古文字中有八字。《说文·八部》："八，别也。象分别相背之形。"八是表义字，表示分别。八又假借为数字八。为了区分表示分别的八与数字八，给表示分别的八加上刀成为分字。《说文·八部》："分，别也。从八从刀，刀以分别物也。"高鸿缙《中国字例》："八之意本为分，取假象分背之形，指事字，动词，后世（殷代已然）借用为数目八九之八。久而不返，乃加刀为意符（言刀所以分也）作分，以还其原。殷以来两字分行，鲜知其本为一字矣。"上古八与分本来是一个字，后来分化为八与分两个字。这两个字在古代声母相同，都是双唇不送气清塞音，读为汉语拼音的 b，韵母有别，后世读音才变得不同。

7. 刚。《说文·刀部》："刚，彊，断也。从刀冈声。"彊：指硬弓，表示强有力。《说文》认为刚是从刀冈声的形声字。林义光《文源》以为是以刀断网，是会意字。

由此知道刚本来是会意字，后来变为形声字。一个字的造字类型也是发展的。刚字的本义是坚硬、坚利。《诗经·小雅·采薇》："采薇采薇，薇亦刚止。"（薇菜长大，茎叶变硬。）引申为强劲、坚毅，与"柔"相对。《孙子·九地》："刚柔皆得，地之理也。"唐宋以来词义虚化，引申为副词，有多种意义。如表示行动或情况发生在不久以前。苏轼《花影》："刚被太阳收拾去，却教明月送将来。"

8. 刻。《说文·刀部》："刻，镂也。从刀亥声。"本义是雕刻，引申为时刻。这个引申义来自古代的铜壶滴漏。《华严经音义下》引《文字集略》："漏刻，谓以筒受水，刻节，昼夜百刻也。"铜壶滴漏是古代的计时器，用铜壶盛水，中间插入一根标杆，浮在水面上。随着水的多少，标杆上下浮动。铜壶有刻度，一昼夜分为百刻，用标杆上下指示不同的刻度以显示时间。

9. 刊。《说文·刀部》："刊，剟（duō）也。从刀干声。"剟：删削。段玉裁《说文解字注》："凡有所削去谓之刊。"《广雅·释诂三》："刊，削也。"《书·禹贡》："随山刊木。"引申为刻、雕刻。班固《封燕然山铭》："乃遂封山刊石，昭明上德。"引申为订正、修正。《晋书·孙绰传》："就人借书，必手刊其谬，然后反之。"再引申为印行、刊登。魏源《〈圣武记〉目录》："索观者众，随作随刊，未遑精审。""不刊之论"指不可改易之论，确论；不是不能刊载之论。

10. 利。《说文·刀部》："利，铦（xiān）也，从刀。"铦：锋利、锐利。古文字利字是会意字，从禾从刀，有的有小点。张亚初《商周古文字源流疏证》："利字从刀从禾，是以刀刈禾的会意字。刈禾以食，是利之大而重者。禾、刀间数小点象谷实形。利字本义是收获之利益。""锐利是利字的又一层字义。顺利是这一字义的引申。"

11. 刃。《说文·刃部》："刃，刀坚也。象刀有刃之形。"刃是指事字，它的构成是在刀字的刃部加一短横指示号，表明这个字是指刀刃。《庄子·养生主》："今臣之刀十九年矣，所解数千牛矣，而刀刃若新发于硎。"

12. 到。《说文·至部》："到，至也。从至刀声。"金文到字从人从至，表示人来到，是会意字。后来人讹变为刀，成为从至刀声的形声字。由会意字演变为形声字，是汉字形声化的表现。

13. 刁。《玉篇·刀部》："刁，又丁幺切。《庄子》云：'刁，刀（diāo）乎。'亦姓，俗作刁。"《史记·李将军列传》："人人自便，不击刁斗以自卫。"司马贞《索引》："刁，音貂。"上述资料说明刁字是从刀字分化出来的。古代刀字又用作刁斗的刁，后来把刀字的撇改为提就成为刁。

14. 刘，繁体作劉。《说文·金部》："镏，杀也。"力求切（liú）。徐锴曰："《说文》无劉字，偏旁有之。此字又史传所不见，疑此即劉字也。从金，从戼。刀字屈曲传写误作田尔。"段玉裁《说文解字注》："镏，从金刀，戼声。""古书罕用，古未有姓镏者，且与杀义不协。其义训杀，则其文定当作劉。"劉本义是杀。现代劉简化为刘，用作姓氏。姓氏刘的刀不表义。

（刊于《咬文嚼字》2018 年第 7 期）

简析几个常用字

一、哪。近代汉语里的指示代词近指用"这（zhè）"，远指用"那（nà）"。后来由远指的"那（nà）"引申出疑问代词"那（nǎ）"。如：人的正确思想是从那（nǎ）里来的。后来字形分化，"那（nǎ）"加意符"口"变成"哪（nǎ）"，"哪（nǎ）"是从口那（nǎ）声的形声字。"现代汉语的'哪'字，直到'五四'时代还写作'那'（和指示代词'那'字同一写法）。实际上，在中古时代，疑问代词'那'字比指示代词'那'字常见。依现有史料看来，疑问代词'那'的产生时代早于指示代词'那'字。"（王力《汉语语法史》，《王力文集》，山东教育出版社1990年版第11卷第112页）另外，《集韵·戈韵》有一"哪（nuó）"字："哪哪，傩人之声。"与我们上面讲的"哪"字没有关系。

二、賣。《说文·出部》："賣，出物货也。从出，从買。"是会意字。另外，《说文·贝部》："𧶜（yù），衒（xuàn）也。从贝，𧷴声。𧷴，古文睦。读若育。"

賣是形声字。衒（xuàn）：边走边叫卖。上述的"賣"与"賣"是形音义都不同的两个字。

段玉裁《说文解字注·贝部》："賣字不见经传。""按，賣隶变作賣，易与賣相混。"隶变后，賣字罕用，实际是已经与賣相混，不再单独使用。汉字中像賣这样的死字还有相当的数量，但是因为见于《说文》，总还不能完全去掉，在大型字书里保有一席之地。

三、曾。《说文·土部》："增，益也。从土，曾声。"在古籍中"曾"常假借为"增"表示增加。例如，《孟子·告子下》："所以动心忍性，曾益其所不能。"桓宽《盐铁论·诏圣》："虽曾而累之，其亡益乎！"这两句话里的"曾"要读为"增"，意思是增加。这不是写了错别字，这是"曾"字的假借用法。古代字少，增加的"增"还没有创造出来以前，需要写增加的时候，只能临时借用一个同音或近音的字来代替，后世才造出"增"字，"增"是后造的本字。

裘锡圭在《文字学概要》中详细讲了"在已有的文字上加注意符"的用例，并指出"由第三种途径产生的形声字为数最多"。他说的"第三种途径"就是我们这里说的由"曾"到"增"的途径。我个人感觉现代用字中这样假借的例子并不多见。后来才明白，裘锡圭是就古籍用字说的，这个恐怕还是点明为好。

四、草。《说文·艸部》："草（zào），草斗，栎实也。一曰：象斗子。从艸，早声。"栎实今写作皂，读zào。《说文·艸部》："艸（cǎo），百卉也，从二中。"后来，草和艸这两个字的音义都发生改变。指栎实的"草"改写为"皂"或"皁"，指百卉的"艸"改用"草"，读cǎo。

五、更。"更"小篆作 𣍘 。《说文·攴部》："更，改也。从攴，丙声。"是形声字。隶变后 𣍘 作"更"，从形体上无法拆分出攴和丙，变为独体字。这样的形声字还有一批。又如"年"字，小篆作 𠫨 。《说文·禾部》："年，谷熟也。从禾，千声。"是形声字。隶变后，分不出"禾"与"千"，变为独体字。

六、启。甲骨文作 𠃛 ，隶定为启，从手开启门户，是会意字，本义指开启。引申为教导。《论语》曰："不愤不启。"后在启上加区别号"口"，成为"啓"字。

七、强。《说文·虫部》："强，蚚也。从虫，弘声。"强的本义指蚚（qí），蝇的一类。依据《说文》，表示强有力要用"彊"字。《说文·弓部》："彊，弓有力也。从弓，畺（jiāng）声。"《孟子·梁惠王上》："弱固不可以敌彊。"因"彊"笔画多书写不便，后多借用"强"。因"强"字的声旁是"弘"，与"彊"不同音，用"强"不是同音假借,只是偏旁相同而借形。

八、站。《说文·立部》:"立,住也。从大立一之上。"是会意字。后来语言里出现了"站"这个词。《广韵·陷韵》:"站,俗言独立。"《集韵·陷韵》:"站,久立也。"这与"独立"义有了区别。戚继光《纪效新书·射法》:"凡射,或对贼对靶,站定观靶子或贼人,不许看扣。"

"站"又用于蒙古语译音,原指路,后指驿站。元代通用"站"。《元史·兵志四》:"元制,站赤者,驿传之译名也。盖以通达边情,布宣号令,古人所谓置邮而传命,未有重于此者焉。"(站赤:驿站)

（刊于《咬文嚼字》2021年第12期）

汉字简体和繁体的转换

1956 年国家推行汉字简化以后，汉字文本出现了繁体和简体两种体式，随之而来的是不时需要进行繁简转换或简繁转换。进行转换的繁简两个字，音义必须相同，只是形体上有繁有简。如果一组字的字义不同或者字音也不同，尽管字形上有繁有简也不能转换。

先说由简到繁的转换。这种转换大多数是一简对一繁，如：马—馬、击—擊、凿—鑿、钢—鋼；而有少部分是一简对多繁。对这样的简化字，要根据字义或者连同字音，加以分化，转换为不同的繁体字。下面举出十组例字来说明。

1. 复—復複。"复"表示回答、返回、还原等义时转换为"復"，如：復仇｜復命｜復信｜復員｜復辟｜復原｜反復｜恢復｜光復｜報復｜答復（也作答覆）｜死灰復燃｜故態復萌｜無以復加｜一去不復返；表示相重、非单一的等义时转换为"複"，如：複數｜複寫｜複印｜複利｜複眼｜複方｜複姓｜複式｜重複｜繁複｜

錯綜複雜。

2. 汇—匯彙。"汇"表示河流会合、汇兑等义时转换为"匯"，如：匯款｜匯率｜外匯｜創匯｜交匯｜匯成巨流｜百川所匯；表示聚集、聚集而成的事物等义时转换为"彙"，如：彙報｜彙演｜彙總｜彙編｜詞彙｜語彙｜彙印成書。

3. 获—獲穫。"获"表示得到、拿住等义时转换为"獲"，如：獲獎｜獲勝｜獲利｜捕獲｜拿獲｜如獲至寶｜不勞而獲；表示收割义时转换为"穫"，如：收穫。

4. 历—歷曆。"历"表示经过、过去的等义时转换为"歷"，如：歷史｜歷程｜歷練｜歷朝｜歷代｜學歷｜資歷｜歷經磨難｜歷久彌新；表示推算年、月、日、节气等得出的结果时转换为"曆"，如：曆法｜曆書｜日曆｜公曆｜夏曆。

5. 钟—鐘鍾。"钟"表示响器、计时器等义时转换为"鐘"，如：鐘鼓｜鐘樓｜鐘錶｜警鐘｜時鐘｜晨鐘暮鼓；表示（情感等）集中或杯子等义时转换为"鍾"，如：鍾情｜鍾愛｜茶鍾（或作茶盅）｜老態龍鍾｜情有獨鍾。《通用规范汉字表》规定："鍾：用于姓氏人名时可简化作'锺'。"

6. 台—臺檯颱。"台"表示高而平的建筑物等义时转换为"臺"，如：臺榭｜臺階｜舞臺｜搭臺｜檢閱臺｜

瞭望臺｜亭臺樓閣｜近水樓臺；"台湾"在繁体文本里写作"臺灣"；表示桌子或类似桌子的家具时转换为"檯"，如：檯布｜檯燈｜展檯｜操縱檯｜梳妝檯｜寫字檯；"台风"在繁体文本里写作"颱風"。

7. 发—發髮。"发"读 fā，表示发表、发出时转换为"發"，如：發表｜發言｜發射｜出發｜頒發｜發號施令｜發人深省｜百發百中｜英姿焕發；读 fà，表示毛发时转换为"髮"，如：髮型｜髮菜｜鬢髮｜理髮｜頭髮｜怒髮衝冠｜令人髮指｜千鈞一髮。

8. 尽—盡儘。"尽"读 jìn，表示完、全部等义时转换为"盡"，如：竭盡｜耗盡｜盡人皆知｜盡善盡美｜趕盡殺絕｜鳥盡弓藏｜前功盡棄｜仁至義盡；读 jǐn，表示最、力求达到最大可能等义时转换为"儘"，如：儘快｜儘量｜儘管｜儘先｜儘早｜儘可能｜先儘老人走。

9. 纤—纖縴。"纤"读 xiān，表示细小等义时转换为"纖"，如：纖塵｜纖介｜纖細｜纖維｜纖弱｜纖悉；读 qiàn，表示拉船的大绳时转换为"縴"，如：縴繩｜縴夫｜拉縴。

10. 脏—髒臟。"脏"读 zāng，表示污秽、粗野等义时转换为"髒"，如：髒水｜髒話｜髒東西｜髒衣服；读 zàng，表示人或某些动物身体内部的器官时转换为"臟"，如：臟器｜臟腑｜内臟｜五臟｜心臟｜肝臟。

由简体转换为繁体时常见的错误是，把与简化字字形相同而字义或连字音都不同的字，也当作简化字加以转换。例如：

11. 淀—澱。表示沉在水底的淤积物的"淀"，在繁体文本里转化为"澱"，"淀粉｜沉淀｜积淀"转换为"澱粉｜沉澱｜積澱"；而表示浅水的湖泊义的"淀"是另外的一个字，不分简体和繁体，不涉及简繁体的转换。"海淀｜茶淀｜白洋淀"在繁体字文本里也这样写，不能转换为"海澱｜茶澱｜白洋澱"。

12. 里—裏。里外的"里"在繁体文本里转换为"裏"，"里面｜里间｜心里｜家里｜里应外合｜表里如一｜鞭辟入里"转换为"裏面｜裏間｜心裏｜家裏｜裏應外合｜表裏如一｜鞭辟入裏"；而表示里程、邻里的"里"不分简体和繁体，不涉及简繁体的转换。"里弄｜里程｜故里｜乡里｜邻里｜一日千里"在繁体字文本里写为"里弄｜里程｜故里｜鄉里｜鄰里｜一日千里"，其中的"里"不能写为"裏"。

13. 后—後。前后的"后"在繁体文本里转换为"後"，"后门｜后楼｜后辈｜后代｜后继有人｜瞻前顾后"转换为"後門｜後樓｜後輩｜後代｜後繼有人｜瞻前顧後"；而表示皇后的"后"不分简体和繁体，不涉及简繁体的转换。"后妃｜西太后｜萧太后"在繁体字文本里写为"后妃｜西太后｜蕭太后", 其中的"后"不能写为"後"。

14. 征—徵。表示召集、寻求的"征"在繁体文本里转换为"徵", "征兵｜征收｜征购｜征婚｜征稿"转换为"徵兵｜徵收｜徵購｜徵婚｜徵稿"; 而表示远行、征讨等义的"征"不分简体和繁体, 不涉及简繁体的转换。"征程｜征途｜征战｜长征"在繁体文本里写为"征程｜征途｜征戰｜長征", 其中的"征"不能写为"徵"。

15. 几—幾。"几"读 jǐ, 用于询问数目或表示不定数目时转换为"幾", "几时｜几个｜第几"转换为"幾時｜幾個｜第幾"; 读 jī, 用于"几乎｜几至｜庶几"等词语时转换为"幾乎｜幾至｜庶幾"。可是表示几案的"几"读 jī, 不分简体和繁体, 不涉及简繁体的转换。"茶几｜条几｜窗明几净｜几率(概率)"在繁体文本里写为"茶几｜條几｜窗明几净｜几率", 其中的"几"不能写为"幾"。

繁体转换为简体时, 一对一占大多数, 没有困难, 难点在有的繁体不是整体转换, 而是部分转换。例如:

1. 瞭—了。"瞭"读 liǎo, 表示明白时, 转换为"了", 如: "了解"; 读 liào, 表示远望时不转换, 仍作"瞭", 如: "瞭哨｜瞭望哨"。

2. 乾—干。"乾"读 gān, 表示没有水分或水分少时, 转换为"干", 如: "干燥｜干糧｜晒干｜烘干";

读 qián，在"乾隆｜乾坤｜乾县｜乾陵｜乾元（年号）｜萧乾（人名）"等词语中不转换，仍作"乾"。

3. 藉—借。"藉"读 jiè，"藉口｜凭藉"的"藉"转换为"借"；但是"慰藉（jiè）｜狼藉（jí）"的"藉"不转换，仍作"藉"。

4. 穀—谷。"穀"指谷子或泛指谷类作物时，转换为"谷"，如："谷草｜谷物｜谷雨｜五谷丰登｜播种百谷"；在"不穀（古代王侯的自称）｜穀梁（复姓）｜穀梁传"等词语中不转换，仍作"穀"。

（刊于《咬文嚼字》2018 年第 4 期）

简论同音代替简化法

　　新中国推行简化汉字采取的方针是约定俗成。一个繁体字需要简化，采取什么样的简化方法，采取什么样的简化字，不是由哪个人随意决定的，而是根据多数民众的使用习惯确定的。按照这样原则选定的简化字有群众基础，才便于推行。《汉字简化方案》采用多种简化方法把两千多个繁体字简化为简体字，其中有一种方法是同音代替，同音实际上包含了近音。这种方法就是找一个与被简化的繁体字读音相同或相近的形体较为减省的字来代替该繁体字。这也就是把该繁体字的音义改由那个简化字来承担。这个方法的优点是不仅可以减少笔画，还可以减少字数，从繁到简的转换没有问题，可是从简到繁的转换容易发生困难。当前我们的汉字生活主要用简化字，可是有时也要用到繁体字，实际存在由简到繁转换的需要。自 1956 年我们开始推行简化字，现在 70 岁以下的人从小学的就是简化字，对繁体字并不熟悉，所以由简到繁转换时出错的事例很常见。下面我们举出几组使用同音代替简化法的字例略作分析，供读者参考。

一、澱简化为淀。在繁体文本里澱和淀是音同而意义不同的字，澱是澱粉、沉澱的澱，淀指浅水湖泊，多用于地名，如海淀、白洋淀的淀。用淀代替澱，就是把澱粉、沉澱的澱改为淀，澱停止使用。由繁到简比较容易，没有问题；而由简到繁进行转换时，要把简化字文本里淀字区分为沉淀和浅水湖泊两部分，然后才能实现转换。我们常见的误用是把所有的淀都改为澱，于是海淀、白洋淀就错成海澱、白洋澱。

二、榖简化为谷。在繁体文本里榖指榖物，谷指山谷。这两个字的字义不同，只是读音相同。把榖简化为谷，就是把榖的意义由谷来承担。一旦需要由简化字转换为繁体字，就要把谷的字义分为谷物和山谷两部分，才能实现正确的转换。可是有人误以为所有的谷都要改为榖。例如裕字本指衣物富余，是从衣谷声的形声字。可有人误以为裕里的谷指榖物，就把裕字讲为从衣从谷的会意字，意思是丰衣足食。这就误解了裕字的字义和结构。

三、瞭简化为了。繁体字瞭有两个常用的音义：一个读 liǎo，意思是明白、懂得，例如：瞭解、明瞭、瞭如指掌、一目瞭然；另一个读 liào，意思是远望，例如：瞭望。汉字简化时，读 liǎo 的瞭简化为了，"瞭解、明瞭、瞭如指掌、一目瞭然"简化为"了解、明了、了如指掌、一目了然",而读 liǎo 的瞭不简化。有人误以为所有的瞭都简化为了,于是"瞭望"就简化为"了望"。

四、係繫简化为系。繁体字係、繫、系都读 xì,但意义不同。係的意义是:1. 关联。如:干係。2. 是。如:确係实情。繫的意义是:1. 联接。如:聯繫、維繫。2. 牵挂。如:繫戀、繫念。3. 拴,绑。如:繫馬、繫縛。4. 拘禁:繫狱。5. 把人或物捆住后往上提或向下送。如:從井裏把打滿了水的桶繫上来。系的意义是:1. 系统。如:派系、水系、世系、直系、太阳系。2. 高等学校按学科分出来的教学单位。如:中文系、化學系。3. 地层系统分类的第三级。如:侏羅系、白垩系、三叠系。汉字简化时把係、繫简化为系,这就是把上述係、繫、系的各项意义全由系字承担。如果要实现由简到繁的转换,简化字系的意义要按这三个字的原来的意义分为三组,然后分别确定相应的繁体字。如果进行转换的人不熟悉繁体字,这是很不容易做好的事。此外,系和繫还读为 jì,指打结,扣。如:系鞋带、系围裙、把领扣系上。转换时情况就更为复杂。要做好这类转换,必须仔细研读规范的语文工具书,努力避免出错。

五、曚濛懞简化为蒙。繁体字曚、濛、懞、蒙是意义不同的字。下面列出读 méng 时的主要意义:

矇：眼睛失明。如：矇瞍。

濛：1. 形容雨点等很细小。如：细雨其濛。2.【濛濛】云雨密集。如：雾露濛濛。

懞：朴实敦厚。如：敦懞（宽厚）。

蒙：1. 遮盖。如：蒙头盖脑。2. 蒙蔽。如：蒙哄、蒙混。3. 承受。如：蒙受、蒙羞、蒙你关心。4. 蒙昧。如：启蒙。5. 姓。

此外，懞还读 měng。如【懞懂】昏昧，糊涂。蒙还读：1. mēng，昏迷。如：头发蒙。2. měng，蒙古族。

汉字简化时把矇、濛、懞简化为蒙，这就是把上述矇、濛、懞的各项音义全由蒙字承担。合并简化还比较容易，可是如果要实现由简到繁的转换，是很复杂很不容易做好的事。

我们列举上述几组字，想说明汉字的繁简转换和简繁转换的复杂情况。新中国的汉字简化工作取得了重大成绩，方便了汉字的学习和应用，我们要继续坚持汉字简化的方向不动摇。汉字是传统文化的重要部分，要长久使用下去。汉字历史悠久，形音义的演变非常复杂。如果只在现代汉语这个层面来讨论还相对单纯，如果涉及古代汉语就极为复杂。汉字的易学便用，依旧是汉字研究和汉字教学中需要继续坚持的目标。

（刊于《咬文嚼字》2020 年第 10 期）

字理和字理识字

字理指构字的理据，也就是字形与字音、字义的联系。汉字的字理十分复杂，我们在这篇短文里，只就字理与字理识字教学的关系谈一点看法，请各位指正。

字理识字是汉字教学中一个有影响的流派，特点是讲求构字的理据，把字形与字音字义联系起来，避免死记硬背，提高识字教学的效率。它先教独体字，后教合体字。独体字的基本模式是"溯源—对照"，合体字的基本模式是"分解—组合"。例如教"马、女、妈"这三个字时，先教"马"和"女"这两个独体字，然后再教"妈"这个合体字。老师告诉学员："女"表示"妈"与女性有关，"马"表示"妈"的读音与"马"声韵相同。汉字中有一大批字适合用这种识字方法。如：

象形字：日月山水人手户目木火牛羊鱼燕

指事字：刃本末甘凹凸

会意字：从及化戒库吠鸣拿尖炎集兼森众磊

形声字：疤懊松柏杨柳江河湖海洲忠想峰群终

紫鲤鲫骡

　　这些字结构比较简单、字理容易理解。对这些字采用字理识字教学，教者顺手，学者愉快，能收到较好的教学效果。

　　可是并不是所有的汉字都适合用这种方法。有些字的字理至今弄不清，自然无法采用。另外也有一批字，字理虽然清楚，但是比较复杂，涉及的问题较多，理解困难，也不适合采用这种方法。例如：

　　春。小篆作萅（为了便于排印，我们把小篆字形楷书化），是从艸、从日，屯声的形声字。在隶书楷书里面，艸和屯演变为龶。龶不成字，没有音义，需要死记。

　　青。《说文》："青，东方色也。木生火，从生、丹。"小篆青是由生和丹组成的会意字。生和丹怎么生出青的意思呢？《说文》说是"木生火"，也并没有讲明白。章太炎《小学答问》说："丹为巴越之赤石，青从丹、生声，宜本赤色之名。"查一查《新华字典》，"青"可以表示绿色、蓝色或黑色，章太炎又说它表示赤色，这样的字理越说越糊涂。

　　法。小篆作灋，是从水、从廌、从去的会意字。意思是说法公平如水。廌是神兽，懂得抵触不正直者使他离去。灋省去廌成为法。法字里面的去既不表音又不表义，没有字理。

夜。小篆是从夕、亦省声的形声字。演变为楷书后，完全看不出原来的理据，变成了无理据字。

害，指伤害，是从宀、从口，丯声的形声字。从宀、从口和害有什么联系？有人解释说："伤害之言，从家中发起。"这很牵强，而且其中的音符丯是生僻字。这样的理据也只能死记。

人们识字为什么重视字理呢？因为通过学习字理可以减少死记硬背。如果像上面说的"春、青、法、夜、害"等字，都有字理却不易说清，也很难用于字理识字。在教学中如果要谈这些字的字理，也无法完全离开死记硬背。与其背字理，还不如直接去背汉字的形、音、义，更直截了当。从事字理识字教学的老师们要面对这样的现实，不要把汉字的字理理想化。而笔画减省的字即使不讲字理，学习也不十分困难。

简化字大约占通用字的三分之一。有不少简化字有理据，如"尘、灶、态、绣"，自然可以用字理识字，可是也有不少简化字没有理据，对这样的字更不必绕回繁体字去讲字理。例如"类"字，米和大组成了"类"，没有道理可讲。"類"是类的繁体字，《说文》分析为从犬、頪声的形声字，意思是"种类相似，唯犬为甚"。要通过繁体字"類"讲简化字"类"的字理是自找麻烦，不如直接去讲简化字。

总之，识字教学要重视字理，要尽可能地利用字理。对于那些不适合讲字理的字不必勉强去讲，更不能没有根据地乱讲。近些年来，有人提出了"依据实用字义灵活地解析字理"的主张。这种主张对识字教学有害无益，不是识字教学的好方法。例如：

春。春天到了，温暖的阳光（日）普照大地，人们三人一伙地（夫）结伴而行，踏青赏花。

以。"人"用锄（乚）挖起泥（丶）。（"以"即"用"义）

妄。要想使妇"女"灭"亡"，那是"妄"想。

（刊于《咬文嚼字》2016 年第 9 期）

汉字字形与本义的联系

汉字与拼音文字不同，汉字记录的是汉语的语素，拼音文字记录的是语言的音素或音节。语素是最小的音义结合体。例如书这个汉字记录的是书这个汉语语素。书这个汉语语素的读音是 shū，意思是成本的著作。汉字记录汉语语素以后，汉语语素的音和义就转化为汉字的音和义，所以我们说汉字是形、音、义的统一体。从造字说，字形表示的意义是这个字的本义。随后在应用中，本义时常孳乳出一些引申义、比喻义、假借义等等。学习汉字，了解它的本义，是掌握该字语义系统的关键，可以提纲挈领，以简驭繁。《说文》这部经典，从原则说它是通过解析小篆的字形说明本义，所以我们可以通过《说文》了解字的构形理据及其本义。例如：

口。《说文》："口，人所以言食也。象形。"口是象形字，本义是用来说话和饮食的器官。

蠢。《说文》："蠢，虫动也。从蚰（kūn），春声。"蠢是形声字，意符是蚰，本义是虫的蠕动。

当然，研究字的本义只根据小篆的字形是不够的，往往还要追溯到甲骨文和金文。因为小篆的字形有的已经发生了讹变，失去了字形与本义的联系。汉字历史这么长，分布地区这么广，在长期流传过程中发生讹变是很容易理解的。有时为了减省笔画，也不得不改变某些字形，也会造成讹变。经过讹变，字形与本义已失去联系。下面是讹变的例字：

　　为。甲骨文作🐘，象以手牵象形，是会意字。古人役使大象帮助劳动。小篆讹为 🐘，《说文》根据讹变的字形误释为母猴（即猕猴），解释错了。为的本义不是母猴，是做、充当等，字形与本义失去联系。

　　长。甲骨文作🐘，象人有长发形，是象形字。本义为长短的长。小篆讹为 🐘 。《说文》分析为从兀（wù），从乚（huà），亡声。兀指字的下部，意思是又高又远。兀里面是乚，表示发生变化。亡指字的上部，是倒着写的。整个字的意思是久远，讹变的字形和本义失去联系。久远是长的引申义，不是本义。

　　寒。小篆寒作🐘。《说文》："🐘，冻也。从人在宀下，以茻荐覆之，下有仌（冰）。"是会意字。隶书讹变为寒，沿用至今。隶书的结构比小篆减省，但是失去了与本义的联系。

　　卧。小篆卧作臥，从臣从人。古文字的臣指人目。

人和目横列，指人伏着休息，是会意字。杨树达《积微居小学述林》：“古文臣与目同形，卧当从人从目。”《说文》：“臥，休也。从人臣，取其伏也。”隶书把人讹变为卜，整字作卧，沿用至今。其中的卜与本义失去联系。

赤。甲骨文作，从大从火，是会意字。小篆结构相同。本义为赤色。隶书讹变为赤，大讹变为土，火讹变为亦的下部。字形不再表义。

斗。甲骨文作，象有长柄的舀东西的勺形，是象形字。小篆将勺形部分讹为三撇，柄又穿透其中而成。楷书讹变为斗，与本义失去了联系。

奔。金文作，从夭从三止。夭象人奔跑时两臂摆动之形，止是趾的象形，指脚。三个止为了突出脚的功能。奔的本义是快跑，是会意字。止在金文中已有讹为屮（chè），三止讹为卉，讹变为奔。

折。甲骨文作，象以斤（斧类工具）断木形，是会意字。金文中木讹变为两个屮，两个屮又讹为手。整字变为从手从斤。

射。甲骨文作，象弯弓射箭形。金文里有的加手作，是会意字。小篆弓讹为身，手讹为寸，整字讹为，从身从寸。

得。甲骨文作，从手持贝，表示得到。或加彳作，表示从行动中得到，都是会意字。小篆贝讹为见，

整字作 𢔮 ，变为现在楷书的得。

　　除了讹变，假借字的使用也会造成字形与本义失去联系。先秦字少，要完整记录语言必须使用假借。另外，有些表示抽象意义的语素很难用表义的方法造出字来，也只得用假借字。研究汉字字形与本义的联系时要分辨假借。假借义与它所从出的字只有语音上的联系——语音要相同或相近，没有字形上的联系。假借分两类：一类是本无其字的假借，指狭义的假借；一类是本有其字的假借，也叫通假。一个字的假借义不限一项，有些字可以有多项假借义。下列例字里为了讨论的方便，只列出本文讨论的假借义，其他假借义从略：

　　氏。甲骨文作 𠂤 ，象人提着东西。为提之本字，是象形字。后来才改用提字。表示提的氏字假借为姓氏之氏。上古姓和氏不同。每一个氏族或部落有自己的姓，同姓不得通婚。氏是姓的分支，同一个姓下可以有不同的氏。最初的氏是男性部落首领的称号，如黄帝号轩辕氏，炎帝号神农氏。

　　亡。小篆作 𠤯 。《说文》："亡，逃也。从入从乚。"本义为逃走。《史记·项羽本纪》："是时桓楚亡在泽中。"假借为有无的无。《汉书·贾谊传》："万物变化，固亡（wú）休息。"在上古，亡字为明母阳韵，无字为明母鱼韵。亡和无声母相同，韵部相近。鱼韵和阳韵阴阳对转。

我。甲骨文作，象兵器形。假借为第一人称代词。《诗·邶风·静女》：“静女其姝，俟我于城隅。”

专，繁体作專。甲骨文作，象用手转动纺专（纺专：收丝用具）纺线形。假借为专一。《易·系辞上》：“其静也专，其动也直。”王弼注：“专，专一也。”

久。小篆作，为灸之初文。象生病的人躺着，后面用艾熏烤形。假借为长久之久。《论语·述而》：“久矣，吾不复梦见周公。”

豆。豆为古代盛放食物的高足盘，是象形字。《说文》：“豆，古食肉器也。”《徐霞客游记》：“瓶无余粟，豆无余蔬。”假借为豆类作物名。杨恽《报孙会宗书》：“种一顷豆，落而为萁。”

羊。甲骨文作，象正面羊头及两角两耳之形。假借为吉祥的祥。徐灏《段注笺》：“古无祥字，假羊为之。钟鼎款识多有‘大吉羊’之文。”孙诒让《墨子间诂》：“《说文》云：‘羊，祥也。’秦汉金石多以羊为祥。”后加示旁作祥，为吉祥的祥的专字。

斤。甲骨文作，是砍物的工具，与斧相似，是象形字。《孟子·梁惠王上》：“斧斤以时入山林，材木不可胜用也。”假借为斤两的斤。《汉书·律历志上》：“十六两为斤。”

草。花草的草小篆作艸。小篆的草指草斗（栎树的果实），从艸早声，读 zào，是形声字。假借草（zào）为草木的艸（cǎo），艸字不用。《论语·阳货》："多识于鸟兽草木之名。"这是有本字的假借。

（刊于《咬文嚼字》2018 年第 10 期）

汉字字形里的文化信息

　　汉字与拼音文字不同。汉字记录的是汉语的语素，例如汉字"国"记录的是汉语语素"国"，所以我们说汉字是语素文字。因为汉语语素都是有意义的，所以我们也可以说汉字是表意文字。拼音文字的字母记录的是相关语言的音素或音节，不直接显示相关语言的文化信息。只有用拼音文字记录相关语言的语句时，才能显示该语言的语义成分和文化因素。从造字法说，古汉字是以象形和指事为基础，后来才有了会意和形声。可见汉字的字形里包含有丰富的表意成分。这是汉字的特点，也是汉字的优点。汉字有悠久的历史，许多字的字形几经变化，在现行的楷书里不少字的表意成分已经消失。如果追溯到古文字的形体，许多字的构字理据和它包含的文化因素也就清晰地展示在我们的面前。这是汉字字形里蕴含的宝贵信息，我们要认真地研究，继承这份珍贵的遗产。本文举出七个例字，追根溯源，试图揭示其中包含的文化因素，供关心的朋友阅读参考。

農。金文农字作 ，上面是林，下面是辰。辰本为蜃的象形字。蜃指大蛤蜊，有卵圆形或其他形的硬壳。在石器时代，先民把蜃的外壳磨制锐利，作为农具用来开垦土地种植作物。这就是最早的农字。裘锡圭说：“按照辰的功用来看，它（指农字——引用者）应该就是古书中常见的耨等一类农具，大致相当于现在的短柄锄。”“辰这种耨器大概主要是用来清除草和小灌木之类的东西的。”（《甲骨文中所见的商代农业》） 是金文农字的另一种写法，上部的中间是田，四周的中指杂草，下部是蜃：合起来表示用蜃壳铲除杂草。古文字中“林”和“田”可以相通，这是農字的初文。小篆作農，上部中间的“凶”是由“田”讹变来的。楷书繁体字作“農”，简化为“农”。

車。金文盂鼎作 。左侧中部的圆形为车厢，两侧为车轮。轮之外的短横为车辖，车辖是穿在车轴两端的销钉。贯穿车轮和车厢的是车轴。与车轴垂直的是车辕。右侧的是车衡，车衡的两侧是套马用的车轭。殷商时代的车是独辕，一车只驾二马，与后世的双辕不同。 清晰地显示出殷商时代车的构造。

婚。上古没有婚字，金文假借闻字为婚。小篆“婚”是后起的形声字。《说文·女部》：“婚，妇家也。礼：娶妇以昏时，妇人阴也，故曰婚。从女，从昏，昏亦声。”

（大意是说：婚，妻子的家。礼规定：娶妻应在黄昏的时候，因为女人属阴，所以叫作婚。由女、由昏会意，昏也表声。）根据上引的《说文》，"昏"不但表音而且表意，古人认为女人属阴，所以娶妻应在黄昏的时候。张舜徽《说文解字约注》："古娶妇必以昏时者，当缘上世有劫掠妇女之风，必乘夜昏人定时取之，以避寇犯也。"这是对"婚"字里面"昏"的字义的两种解释。仅供参考。

录。旧字形作录。金文录作 𧶠。上部象井上提水的辘轳形，中间是汲水的工具，小点是水滴。这是漉的初文，清晰地显示出殷商时代辘轳的构造。《简化字总表》规定"錄"简化为"录"，与这里说的井上提水的辘轳无关。

灾。甲骨文作 𣲞，象洪水横流成灾的样子。《说文·川部》："𣲞，害也。从一雝川。《春秋传》曰：'川雝为泽，凶。'"（大意是说："𣲞，水害。由一雝塞在川字中间，会意。《春秋左传》说：'川流壅塞为水泽，是不吉祥的预兆。'"）𣲞是 𣲞 的形声字，从水才声。从 𣲞 和 𣲞 可以看出，古代的洪水泛滥给人们带来了严重的危害。

昔。甲骨文作 𣊫。上面是日，下面是灾字。洪水灾害肆虐的日子，给人们留下了极为深刻的记忆，成为昔日最重要的事件。《说文·日部》："昔，干肉也。从残肉，日以晞之。与俎同意。腊，籀文从肉。"许慎据小篆讹变的形体立说，出现了许多差错。

年。甲骨文作 𠂕，从人负禾。甲骨文年表示谷物丰收，不表示年月的年。殷商时表示年月的年用"祀"。《说文》小篆"年"作 𠂺。"人"变为"千"，成为从禾、千声的形声字。《说文·禾部》："年，谷熟也。从禾，千声。《春秋传》曰：'大有年。'""大有年"的"年"仍表示谷物丰收。因为古代北方谷物多一年一熟，所以"年"引申为年月的"年"，沿用至今。

（刊于《咬文嚼字》2020 年第 8 期）

形似字的分化

形似字就是形体相似的字。这样界定的形似字带有模糊性，从应用的角度说，人们最关心的是那些容易用错的形似字。有些形似字因为形体相似，所以容易用错。为了减少这类错误，对那些容易用错的形似字要设法分化，变为非形似字。自古至今，分化形似字一直是汉字演变中的常见现象。例如：

甲骨文中数字十是一竖，写作 ｜。于省吾说："十字初形本为直画，继而中间加肥，后则加点为饰，又由点孳化为小横。"到战国时就变成"十"。数字七在甲骨文中本作十，是会意字。一横画表示物体，一竖画表示刀类器具，从中间把物体分开，它是切的本字。这个写作一横一竖的切的本字后来假借为数字七。到了战国时候，写作十的数字七与数字十极为相似，极易相混，必须设法加以区分。为了区分，战国晚期至西汉早期的金文，把写作十的数字七中间的竖画写得略短，与数字十构成形似字。但是这样的区别过于细微，不解决问题。

再后，把写作十的数字七竖画的下端向右弯曲，成为"七"。这样数字七与数字十有了明显的区别，不再相混。

甲骨文有三个横画的 三 字，上下两画长，中间一画略短。有人把这个字释为三、彡、川等，均不可信。于省吾发表《释气》，把这个字释为气。甲骨文里数字三为三横等长，与中间一画略短的气构成形似字。但是这种差别比较细微，容易相混。为了扩大区别，到了东周的齐侯壶 三 里改作 ≽ ，第一横画左面的开头部分向上弯。到了战国初年的行气铭再变作 𣱼 ，第三横画右面的收尾部分向下弯。经过这两次的改动，就变化成为气字。《说文》："气，雲气也。"甲骨文中气字有三种假借用法：一为乞求之乞，二为迄至之迄，三为终止之讫。

《康熙字典》在正文的前面有一部分是《辨似》，收录形似字五百多组。这可以作为清初形似字的总汇。《辨似》的说明是："笔画近似，音义迥别。毫厘之间，最易混淆。阅此，庶无鲁鱼亥豕之误。"现代汉字中形似字也不少，常见的约有近百组。例如：厂广｜弋戈｜天夭｜今令｜市（fú）市｜仑仓｜乌鸟｜叼叨｜皿血｜劢（mài，努力）励｜束束｜冷泠｜本夲（tāo）｜隹佳｜爪瓜｜归旧｜次次（xián）｜冼（xiǎn）洗｜沫沫（mèi）｜仿彷｜汨（mì）汩（gǔ）｜沉沈｜钓钧｜昼昼（dàn）｜

第（zǐ）第｜浙淅｜栗粟｜冠寇｜瑞端｜勠戮（杀）｜管菅｜裸裸｜亳（bó）毫｜博搏｜千干于｜己已巳｜戊戌戍。汉字简化对形似字有减有增，减和增的数量大体相当。减少的如"畫晝"变为"画昼"，"穀穀"变为"穀谷"；增加的如"攏擾"变为"拢扰"，"倉侖"变为"仓仑"。

形似字是不是都要分化呢？不必要。从实际出发，只分化那些极易混淆的部分。有些形似字在使用时语境不同不会造成误用就不必分化。例如，"未"和"末"形似，但是它们使用的环境不易造成混淆。"未"主要用于"未来、未知、未卜先知"等，"末"经常用于"最末、末后、末期、本末倒置"等。

纵观古今，形似字的分化方法主要有三种。第一是改变字形。例如，本文开头介绍的甲骨文把写为一横一竖的数字七改为"七"，把 三 改为"气"。楷书的分化例，如"办"和"刅（chuāng）"形似，后来把"刅"改为"创"。第二是合并。例如，甲骨文的 🔥 和"中"形似，但意义不同。🔥 是左中右的"中"，"中"是伯仲的"仲"。到了小篆合并为"中"。小篆里"匚（fāng）"和"匚（xì）"形似，"区、匿、匹"等从"匚（xì）"。楷书合并为"匚"。第三是改变说法。例如"没有"和"设有"形似，"本院没有卫生间"和"本院设有卫生间"容易相混。可以改为"本院无卫生间"和"本院有卫生间"。形似字的分化是否成功，要看能否做到约定俗成，也就是群众是否接受并广泛使用。群众接受并广泛使用的是成功的，否则就是不成功的。

汉字是语素文字，它一定是字数繁多，结构复杂，要彻底消灭形似字是不可能的。为了避免误用形似字，学习并使用汉字时，要多多留心，日积月累，这样就能收到良好的效果。

（刊于《咬文嚼字》2020 年 12 月）

人民币上的文字

人民币上有五种文字，就是：汉字、蒙文、藏文、维文和壮文。下面以面值一百元的人民币为例略加说明：

汉字是国家通用文字，是国内各民族间交际的工具。汉字是汉民族的祖先创造的文字，自殷商甲骨文算起已有三千四百多年，一直延续至今，未曾中断。汉字记录的是汉语的语素，所以叫语素文字；构成汉字的字符主要是意符和音符，所以也叫意音文字。例如，"沐"字记录的是汉语"沐"这个语素；它的意义指洗头，由"水"和"木"两个字符组成，"水"表意，是意符，"木"表音，是音符。汉字数字有大写和小写两套，小写是"一二三四五六七八九十百千万"，大写是"壹贰叁肆伍陆柒捌玖拾佰仟萬"。人民币上用的是大写数字。大写数字里的"贰陆"是简化字，相对应的繁体字是"貳陸"。中华人民共和国成立后，对汉字进行了简化。人民币上"中国人民银行"里的"国"和"银"是简化字，和简化字相对应的繁体字是"國"和"銀"。人民币上还有辅助汉字的汉语拼音，用在背面两个地方，"中国人民银行 100"写作"ZHONGGUO RENMIN YINHANG 100"，另一个地方是"圆"写作"YUAN"。

人民币上币值的单位是"圆"，这是由银圆的圆演变来的规范的写法。日常应用时常写为"元"。在殷商时期的古文字里，元指人头，近代的元是朝代名。币值单位的"元"，是朝代名"元"的假借用法，不是错字。

人民币背面的右上角有四种少数民族文字，意思是"中国人民银行 100"。这四种少数民族文字左上是蒙文，右上是藏文，左下是维文，右下是壮文。从形体上，这四种民族文字比较容易分辨。蒙文从上向下竖写，行款是从左向右。藏文印刷体辅音的上部都有一横，基本齐平。维文是流线体，从右向左书写。壮文用的是拉丁字母，与汉语拼音字母相同。

蒙文也叫蒙古文，用来记录蒙古语。蒙文创始于 13 世纪，字母读音、拼写规则、行款都和回鹘文相似，称作回鹘式蒙文。蒙文经过陆续改进，字母数目逐渐增多，拼写法日趋严密，到 17 世纪发展成为现行蒙文。现行蒙文有 29 个字母，其中 5 个是元音，24 个是辅音。蒙文字母的写法在词首、词中、词末各有一定的变化，更便于连写。蒙文基本上是按词为单位拼写。在清代，蒙文和满文几乎享有同等崇高的地位，许多皇家建筑的牌匾都是用汉、满、蒙、藏四种文字合璧书写。这一时期为我们留下了卷帙浩繁的《蒙文大藏经》。

藏文是用来记录藏语的。公元 7 世纪，松赞干布建立吐蕃王朝后，派他的大臣图米桑布札赴天竺（古印度）学习梵文和佛法，学成回国后仿照印度梵文的天成体创造了藏文。藏文是表音文字，有 34 个字母，其中有 4 个元音和 30 个辅音。藏文自左向右横排。词不分写，音节后加点表示音节界限。藏文的正字法进行过三次大的变革，使藏文更加简明，最后形成了现在的藏文。藏文字母的数量和单词拼写法都适合藏语的特点，至今使用了 1400 多年。历史上用藏文书写和编译的文献十分丰富，对于藏族文化的发展起了很大的作用。著名的"长庆会盟碑"建于唐长庆三年（823）。元代已编成《甘珠尔》和《丹珠尔》两大佛学丛书。

维吾尔文简称维文，是用来记录维吾尔语的。公元 7 世纪，维吾尔族就用突厥文作为文字。到了 10 世纪，随着佛教的传入，回鹘文代替了突厥文。11 世纪，随着伊斯兰教传入新疆，阿拉伯文代替了回鹘文，成为现代的维吾尔文，自右向左横写。维吾尔族在 1965 年至 1982 年间推行过以拉丁字母为基础的新文字，主要在学校中使用。1982 年 9 月起恢复使用老文字。现行的维文有 32 个字母，其中有 8 个元音，24 个辅音。为了便于连写，字母在独用或出现在字首、字中、字末时有不同的写法。

壮文，是用来记录壮语的。壮族原有一种方块壮字，是借用汉字或者仿照汉字自造的汉字类型的字，有很多异体字，各地写法不统一，掌握的人数很有限，没有成为正式通行的文字。1955 年创制了以拉丁字母为基础的拼音壮文，1957 年开始用来扫盲。"文革"时停止推行。1980 年 5 月，广西壮族自治区党委和政府积极筹备恢复壮文培训、出版和推行等有关机构，同时对壮文方案做了部分修改，废除 26 个拉丁字母以外的字母。修订后的壮文方案于 1982 年 3 月 20 日公布推行。壮文在学校教育、科学培养、新闻出版、文艺创作、壮族研究、对外交流等方面都发挥了很大的作用。

（刊于《咬文嚼字》2017 年第 6 期）

汉字的讹变

汉字是表意文字。在造字时，字形和字义有一定联系的字叫表意字。"六书"里的象形字、指事字、会意字就是表意字。有些字的字形不但和字义有联系，而且和字音也有联系，这样的字叫形声字。造字时最初使用的字形是这个字的"初文"，初文表示的字义是这个字的"本义"。学者研究汉字时，十分重视初文和本义的研究，因为这是随后汉字发展演变的根源。了解了初文和本义，对掌握这个字的形音义的发展变化，是若网在纲，可以有条不紊。汉字在发展变化中，它的字形如果和字义失去了联系，或者和字音也失去了联系，在文字学上这样的变化叫讹变。东汉人许慎编著的《说文解字》是传统汉字学的经典，这部书十分重视初文和本义的研究，这是它的精华。但是受到时代和资料的局限，有的字采用了讹变的字形，这样得出的结论并不可靠。我们研究汉字的讹变，就是要找出字的初形和本义，揭示汉字形音义的发展规律，以便汉字的现代应用。下面举出十个有讹变的汉字供有兴趣的朋友参考。

美。甲骨文作 ，是一个正面的人，头上有羽毛的装饰。金文与甲骨文相同。小篆讹变为 ，变为从羊从大的会意字，《说文·羊部》："，甘也。从羊，从大。羊在六畜，主给膳也。美与善同意。"徐铉等曰："羊大则美。"这种说法靠不住。"甘"指味美，不是美字的本义。根据甲骨文，美的本义是漂亮、好看，味美是它的引申义。

为。繁体作爲，甲骨文作 。罗振玉《增订殷虚书契考释》："（甲骨文爲）从爪从象。……卜辞作手牵象形……意古者役象以助劳，其事或尚在服牛乘马以前。"罗振玉指出的初形和本义是正确的。小篆讹变为 。《说文·爪部》："爲，母猴也，其为禽好爪。爪，母猴象也；下腹为母猴形。"《说文》指出的初形和本义都是不妥的。

解。甲骨文作 ，象两只手分解牛角，本义是用手分解。讹变为小篆 。两只手省略为一只手，这一只手讹变为刀，《说文·角部》："解，判也。从刀判牛角。"本义变成了用刀分解牛角。《说文》根据的是讹变后的字形。

习。繁体作習，甲骨文作 。郭沫若《卜辞通纂考释》说："此字分明从羽从日。盖谓禽鸟于晴日学飞。"

130

这是会意字。后来日讹变为白，成为小篆習字。《说文·習部》："習，数飞也。从羽，从白。"（数飞，频频试飞。）"从羽，从白"不是会意字了。徐锴《说文解字系传》指出："白"作"白（zì）声"，意思是"白"读作"自"。段玉裁认为"白"字表音，是"合韵"。但在上古，習字是邪母缉韵，白字是并母铎韵，二字声韵不同，不是合韵。把"白"读作"自"，自字是从母质韵。邪母和从母虽然都是齿音，但是这样分析过于曲折，不如回到"从羽从日"为好。

虎。甲骨文作𧆞，象虎形。小篆把虎尾讹为人，整字讹变为𧆞。《说文·虎部》："虎，山兽之君。从虍，虎足象人足。象形。""虎足象人足"的说法是根据讹变的字形做出的解说，是不可靠的。

射。甲骨文作𰀋，象搭弓欲射的样子，是会意字。金文或加手，如𰀋。后来讹作𰀋，弓和矢分开，弓讹变为身，矢在右侧竖立，又讹为寸，成为隶书楷书射字。《说文·矢部》："𰀋，弓弩发于身而中于远也。从矢，从身。"《说文》对"射"之初形的分析是错误的。

鬯。甲骨文作𰀋，象装着酒的器具。小篆讹为𰀋。《说文·鬯部》："鬯，以秬酿郁草，芬芳攸服，以降神也。从凵，凵，器也；中象米；匕所以扱之。《易》曰：'不丧匕鬯。'"（大意是：鬯，用黑黍和郁金香草酿成的酒，芬芳通畅，用以降神。从凵，凵是盛饭食的器具；中间的部分象米；匕是取食的勺子。《易经》说："不丧失勺子里的鬯酒。"）《说文》根据讹变后的字形进行分析，有关凵、匕的说明都是不妥的。

出。甲骨文作 ，上部是止，下部是供穴居的坎穴。脚趾背离坎穴，表示外出，是会意字。字形讹变为 ，成为隶书楷书的"出"。《说文·出部》："出，进也。象艸木益滋，上出达也。"（大意是：出，长进。象草木渐渐滋生，向上长出来。）《说文》的分析是不对的。

贵。繁体作貴，小篆作 。《说文·贝部》：" ，物不贱也。从贝，臾声。"是形声字。楷书"贵"音符讹变为中字下面一横，不再表音。

圆。圆形的圆本作员，甲骨文作 。上面是个〇，下面是鼎。如果只有上面的圆，人们不知道这是什么意思。下面是个鼎，告诉人们 是鼎口那样的圆。员从〇从鼎，是会意字。后来发生了讹变。〇变成了口，因为古文字的鼎和贝相似，所以鼎讹变成了贝。 就成了小篆的员。意思变为物的数量，读 yuán。圆形的圆怎么表示呢？于是造了从口员声的圆，沿用至今。

（刊于《咬文嚼字》2020 年第 7 期）

汉字的分化与合并

　　汉字在发展中不断地进行分化与合并。先说汉字的分化。一个字在刚产生的时候是单义的，在使用过程中由于字义的引申和假借，许多字变成了多义。这种发展使字义变得丰富多姿，适应了交际的需要。一个多义字进入句子后受结构和语境的筛选呈现为单义。例如"走"这个字，基本义是离去，引申义是去世。在"他有急事刚走"里的"走"是离去，在"昨天晚上他不幸走了，大家十分悲痛"里的"走"是去世。如果结构和语境不能把多义变为单义，就会产生歧义。例如"我借他一百块钱"，这个句子里的"借"既可以指借出，也可以指借入，造成了歧义。歧义妨碍信息的交流，造成语病。一个多义字如果很容易产生歧义，就要设法加以分化，把它所负担的职务分散给两个或两个以上的字，尽量实现专字专用。有的多义字造成歧义的机会不多，但是为了使某一意义表现得更为清晰明确，有时也要给它分化。汉字里既需要有单义字，也需要有多义字。那种希望把所有多义字都分化为单义字的想法不切实际，也无法做到。汉字多义字分化的例子很多，分化的方法也是多样，分化出来的字与它从出的母字在字形上多数有一定的联系。例如：

羞分化出馐。羞本指进献食品，是从羊从丑的会意字。其中的丑代表手，羊代表美味的食品。羞又假借为羞愧。为了分化本义与假借义，于是加意符食分化出从饣羞声的形声字馐，专门表示美味，如：珍馐。

荼分化出茶。荼本指苦菜，是从艸余声的形声字，读为 tú。因为茶的味道也是苦的，荼由苦菜引申出茶树的茶。为了分化荼与茶，于是把荼减去一横画成为茶。六朝以后，茶读音也改变为 chá。

颠分化出巅。颠指头顶，引申泛指最高最上的部分，如：树颠、塔颠。山顶义原也用颠，但由于常用，为了使它突出，就在颠字上增加意符山分化出巅字。例如："我站在高山之巅，望黄河滚滚奔向东南。"

熏分化出窨。熏本指气味或烟气接触物品，如：熏鱼、熏肉。熏的对象也可以是茶叶。因为熏过的茶叶味道不同一般，受到欢迎。为了突出熏制这道工序，由熏分化出从穴音声的窨（xūn）字，特指窨茶叶。

等分化出戥。等本指整齐，引申为等级。《管子·五辅》："上下有义，贵贱有分，长幼有等，贫富有度。"

再引申为分别金银和珍贵物品质量等级的器皿。《通俗编·器用》："等，以别金银等次立名。宋代张世南《宦游纪闻》云：'宁和殿有玉等子，以诸色玉次第排定。凡玉至比之，高下自见。'此其制别义同。"（制别义同：办法不一样可道理相同）转指为称金银的小秤。《醒世恒言·卖油郎独占花魁》："卖油的多少银子，要架天平？只把个五两头的等子与他，还怕用不着头纽哩。"后来由等字分化出戥字作为专字。《红楼梦》第四十八回："虽说做买卖，究竟戥子、算盘，从没拿过。"

句分化出勾。句本义为弯曲，是从口丩声的形声字，读 gōu。引申为钩状物，又引申为钩形笔画，用作书面语里句子的标志，就是章句的句。后来这两项引申义的用字发生了分化，把句中的口改为厶，就由句分化出勾。句字专用来表示句子，改读为 jù；勾字则专用来表示钩状物，读 gōu，后加金旁成为钩。

交分化出跤。交的本义是前后交叉着的小腿，又假借为跟头。《水浒传》第三回："鲁达焦躁，把那看的人，一推一交。"后来给表示跟头的交字加意符足分化出跤字。《红楼梦》第二十五回："（小红）被门槛绊了一跤。"

夫（fú）容本指荷花。为了与丈夫的夫和容貌的容相区别，指荷花的夫容分别加意符艹成为芙蓉。钮树玉

《说文新附考》："汉书司马相如及扬雄传中，夫容并不加艸，《博雅》《玉篇》已作芙蓉。"

汉字分化就是要做到专字专用，可以使意思表达得更为明确，也避免产生歧义。分化有利也有弊，弊主要是增加了书写笔画，增加了字数，给应用增加了不便，因此对分化字要适当控制，不要泛滥。有的分化字产生以后并不通行。例如：燃烧的燃本作然，是从火肰声的形声字，假借为然诺的然。为了分化本义与假借义，产生了从火然声的燃字表示本义，沿用至今。同时然诺的然也有个分化字嘫。《说文·口部》："嘫，语声也。从口然声。"这个字并未通行。也有的分化字后来又并入母字。例如：果分化出菓，表示果实。《广韵·果韵》："菓"同"果"。《汉书·叔孙通传》："古者有尝春菓。"菓后来又并入果。念分化出唸。《说文·心部》："念，常思也。从心，今声。"指思念、怀念。假借表示诵读，把文字读出声音。《东京梦华录·河东》："有瞽者（盲人）在桥上念经求化。"有人为诵读这个假借义的念造分化字唸。《原野》第一幕："常五伯，我在唸经呢，等等，我就唸完喽。"唸字不通行，后又并入念。

现在说汉字的合并。汉字字数很多，构造复杂，是造成汉字难学难用的原因之一。汉字的适度合并可以减少字数，提高汉字学习和应用的效率，是汉字发展中常见的现象。汉字的合并就是把原来由两三个字分担的职务改由一个汉字承担，增加合并后的汉字的职务。A 与 B 合并为 C 是合并，A 并入 B 或 B 并入 A 也是合并。汉字合并是有条件的，不是随意想合并就可以合并。合并的条件大体是形、音、义三方面至少有一方面相同或近似。例如：

歎与嘆合并。歎、嘆的意义本来不同。根据《说文》，歎表示吟诵，嘆表示叹息。清代文字学家段玉裁在《说文解字注》"嘆"下说："歎近于喜，嘆近于哀。"他在"歎"字下还说："古歎与嘆义别，歎与喜乐为类，嘆与怒哀为类。"后来这两个字合而为一。嘆为规范字，简化为叹，歎为嘆的异体字。现在叹是多义字，兼有原来歎和嘆的意义。

貣并入贷。《说文·贝部》："贷，施也。"指借出，读 dài。另有："貣，从人求物也。"指借入，读 tè。古代文献里，贷、貣常混用；后世貣并入贷，读 dài。

甲胄的胄与表后裔的胄合并。这两个字在古文字里形义不同。《说文·冃部》："胄，兜鍪也。从冃，由声。"兜鍪即后世的头盔。《说文·肉部》："胄，胤。从肉，由声。"指后裔。这两个字都读 zhòu，在隶书楷书里合并为一个字。

叚并入假。叚的本义是借。假是多义字，其中的一个意义也是借。《左传·成公二年》："唯器与名，不可以假人。"唐代孔颖达解释说："唯车服之器与爵号之名不可以借人也。"后来叚并入假。

孃并入娘。这两个字读音相同，形义不同。孃指母亲，娘指姑娘。段玉裁《说文解字注》"孃"字下说："《广韵》孃，女良切，母称。娘，亦女良切，少女之号。唐人此二字分用画然，故耶孃字断无有作娘者，今人乃罕知之矣。"后世孃并入娘。现在娘是规范字，兼有母亲和姑娘的意义。孃是娘的异体字。

痣并入记。痣是古白话文用字，大约是从记字分化出来的，使用一阵后又并回母字。《红楼梦》第四回："且他眉心中原有米粒大的一点胭脂痣，从胎里带来的。"《水浒全传》第十六回："一个鬓边老大一搭朱砂记。"冰心《我的童年》："可是老姨太总不让我光着膀子，说我背上的那块蓝'记'是我的前生父母给涂上的，让他们看见了就来讨人了。"

20世纪60年代推行汉字简化，要做到既简化笔画又减少字数。为了减少字数合并了一些繁体字。例如：復、複合并简化为复，穫、獲合并简化为获，縴、纖合并简化为纤，蘇、囌合并简化为苏，臺、檯、颱合并简化为台，壇、罎合并简化为坛，團、糰合并简化为团，係、繫合并简化为系，臟、髒合并简化为脏，隻、祇合

并简化为只，鐘、鍾合并简化为钟，當、噹合并简化为
当，發、髮合并简化为发，滙、彙合并简化为汇，盡、
儘合并简化为尽，歷、曆合并简化为历，鹵、滷合并简
化为卤，擺、襬合并简化为摆，彌、瀰合并简化为弥。
这样合并后，增加了多音多义字。例如：纖、縴合并简
化为纤。纤既有纖的音义，读 xiān，指细小；又有縴的
音义，读 qiàn，指拉船的绳索。盡、儘合并简化为尽。
尽既有盡的音义，读 jìn，表示完毕，如：用尽力气；
又有儘的音义，读 jǐn，指极、最，如：尽里头。

　　汉字简化中的同音代替、近音代替，实际也是在进
行合并。例如：舍原来读 shè，指房舍。捨弃的捨简化
为舍后，舍增加 shě 的读音和舍弃的字义。

　　1955 年 12 月 22 日发布的《第一批异体字整理表》，
其中有些字组可以看作合并简化。例如：獃、騃合并简
化为呆，閧、鬨合并简化为哄，跡、蹟合并简化为迹，
崑、崐合并简化为昆，陞、昇合并简化为升，剳、劄合
并简化为札，紮、紥合并简化为扎。

　　1965 年推行印刷新字形，造成了一些偏旁的合并。
例如：幵（jiān）旁改为开，研、訮、妍变成了研、訮、
妍，原来表音的幵不再表音。

　　汉字合并可以减少字数，但是不能造成表达意思的
混淆。例如：把多餘、剩餘的餘简化为余，使得"余年

不多"这类结构产生歧义，可以是说我的岁月不多，也可以是说剩余的岁月不多，《简化字总表》不得不调整为"在余和馀意义可能混淆时，仍用馀"。矇、濛、懞合并简化为蒙，蒙蒙不知是雨濛濛，还是表示模糊不清的矇矇。另外，汉字合并本来是为了便于应用，如果合中又有分，使字际关系复杂化，反而给使用增加了麻烦。例如：幹、乾合并简化为干，干支的干读 gān，合并简化后不但增加了 gàn 的读音，而且还规定要分化乾字。当乾读 gān 表示干燥义时简化为干，读 qián 用于乾隆、乾坤等义时不简化。《简化字总表》把鍾、鐘合并简化为钟，鍾是容器，鐘是乐器，合并简化后不发生混淆。可是《通用规范汉字表》规定："鍾：用于姓氏人名时可简化作'锺'。"这样的规定给使用增加了困难。按照这个规定就会出现"钱锺书钟爱读书"，这样就会出现"锺""钟"混用。

　　总之，分化是为了精确地记录语词，但是要增加字数；合并是为了减少字数，但是要保证精确地表达意思。分化与合并相互作用，使得汉字系统既能精确表达，又不使字数增加很多，使汉字适应汉语的发展，更好地为交际服务。

（刊于《咬文嚼字》2018 年第 2 期、第 3 期）

汉字的传播和演变

汉字是汉族老祖先独立创造的文字，发源于黄河中下游，至今已有五六千年的历史。20世纪50年代在西安半坡遗址出土的距今5000年的彩陶上有22种刻画符号。20世纪70年代在陕西临潼姜寨遗址出土的距今6000年的彩陶上有102个刻画符号。这些都是汉字的萌芽。据学者研究，汉字发展为能够按照语词次序完整地记录汉语的文字在夏商之交，距今3600多年。现在能看到的最早的成批的汉字是盘庚迁殷后的甲骨文，距今3300多年。自甲骨文至今日汉字一脉相承从未中断，这在世界上是罕见的。今天汉字已进入信息化时代，它依旧生气勃勃地为传播汉文化服务，为对内对外文化交流服务。汉字为什么能长期使用而不衰竭？因为它有一种调节机制，能适应汉语的发展和演变。

在古代，汉字文化高于周边各个国家和民族的文化。人往高处走，水往低处流。文化像水一样不断从高处流向低处。古代汉字带着先进的汉文化向四方传播，形成了广大的汉字文化圈，汉字在传播中不时要发生演变。汉字的传播路线有三条。

一条向南和西南，传播到广西壮族和越南京族，产生了方块壮字和越南京族的喃字。壮族的方块壮字，是借用汉字来表音或表意，另外还仿照汉字创造出来一些壮文新字。方块壮字用来记录壮族的民间文化，但使用的人数有限，没有成为正式文字。1955 年，中央人民政府请语言学家创制了以拉丁字母为基础的拼音壮文，1957 年经国务院批准在壮族地区用来扫盲。改革开放以来，考虑到计算机传输的应用和国际交流的方便，对原有的壮文方案进行部分修改，废除 26 个拉丁字母以外的字母和声调符号。1982 年 2 月，国家民委批准修订后的壮文方案，广西壮族自治区政府于同年 3 月 20 日公布推行。

越南的主体民族是京族。古代的越南没有文字，借用汉字记录语言。10 世纪以后，越南出现了古代文字字喃，也叫喃字。它是一种方块字。部分借用汉字，部分是使用汉字中的会意、形声、假借的方法造成的新字。13 世纪以后出现了用字喃写的诗歌，大量作品流传至今。1885 年，法国在越南南方推行拉丁化的拼音文字，后来扩大到越南北方。1945 年越南独立后作为法定文字，称为国语字，废除了汉字。我国的京族主要居住在广西壮族自治区江平镇的村寨，约有 22500 人（2000 年）。京族在历史上使用过字喃，现在已不使用，目前多用汉文。

我国西南的少数民族在历史上曾借用或仿造汉字式的文字，有苗字、瑶字、布依字、侗字、白字、哈尼字等。由于文字叠床架屋、使用繁难，有的还缺少民族共同语，文字因人因地而不同，最后都逐渐消失。

汉字传播的另一条路线是向北。在宋朝的时候，北方先后有契丹族建立的辽国、女真族建立的金国、党项羌族建立的西夏国。汉字传播到这几个国家，先后出现了仿照汉字的契丹字、女真字、西夏字。契丹本无文字，公元 921 年创造了表意的汉字式的文字，学界称为契丹大字。后来又创造了表音的文字，学界称为契丹小字。契丹小字的字母称"原字"。每个原字由五笔左右构成，一至七个原字组成一个方块，表示一个语词。契丹实行表意字和表音字并用的双文制度。女真族原来没有文字。金太祖命人参考汉字的楷书体造出了表意字，学界称为女真大字，1119 年颁行。后来为了适合女真语的语法特点又创制了按音拼写的文字，学界称为女真小字。女真仿照契丹实行双文制度。西夏原来也没有文字。首领李元昊命人创制藩书，称为"国字"。西夏字模仿汉字，有点、横、竖、撇、捺等笔形，也有楷、行、篆、草等字体。但是不借用汉字，全部字形都是独自创造。自造的西夏字重叠累赘，繁复的程度超过汉字，学习和使用不便。

汉字向东传播到朝鲜和日本。汉末和三国时期汉字传入朝鲜，朝鲜长期用汉字记录朝鲜语。由于汉字和朝鲜语结构特点不同，使用汉字非常不便。朝鲜李朝时期为了发展民族文化，1446 年创制了朝鲜语的表音字母，称为"训民正音"，也称为"谚文"，后来改称为朝鲜文。最初有 28 个音素字母，其中辅音 17 个，元音 11 个。字母的组合不采取线性排列，而是叠成汉字的方块形式，成为拼音方块字，便于与汉字匹配。现代朝鲜语共用 40 个字母，19 个辅音，21 个元音。使用的音节方块字有 2200 至 2400 字，这是音素合成的音节文字。朝鲜语的音节十分复杂，不便使用音节字母，谚文采用音素制是一大进步。谚文字母不是从汉字直接变来的，但是受到汉字笔画的影响。谚文在使用中发展成为汉字和谚文夹用的混合体，汉字主要写词根，谚文主要写词尾。二次大战后，朝鲜半岛北方全用谚文，朝鲜半岛南方用谚文夹用部分汉字，而文学作品全用谚文。

在公元 4—5 世纪，汉字由中国经朝鲜传入日本，成为古代日本的官方文字。日语不属于汉藏语系，跟汉语大不相同。如果说汉人学习汉字觉得困难，那么日本人学习汉字就更感困难。汉字知识传开后，日本把借用来的汉字当作音符形成日语音节字母。759年成书的《万叶集》是最早用汉字作为字母写成的古代"和歌集"。这种日语字母称为万叶假名。假名不是有计划设计的，结果形成了重叠的两套。一套叫平假名，一套叫片假名。平假名是借用汉字的草书，用于日常书写和印刷。片假名借用汉字楷书的偏旁，用于标记外来词、象声词以及特殊词语。假名不仅方便书写，还有独特的面貌，区别于通用汉字。不论并用还是夹用，彼此不混。为了提高记录日语的准确性，近代对假名做了补充和改进。日语音节少而简单，适合采用音节字母，但是音节字母拼音不灵活，所以需要改进。随着时代的发展，假名字母不断提高它的文字地位。日本文中，从汉字为主、假名为副，变为假名为主、汉字为副。二战后，日本实行语文平民化，限制汉字的字数。1981年使用《常用汉字表》1945字。硬性规定，法令和公文用字以此为限，此外用假名。其他出版物逐步向字表范围靠拢。

小结：以上汉字知识告诉我们许多演变的现象，可以澄清汉字研究中许多模糊认识。

一、汉字的传播主要靠它负载的先进的汉文化。文化的传播如水之就下，自然由文化高的地区向文化低的地区流动，这是人为阻止不了的。

二、汉字在自己的故乡中国，为了适应汉语的发展可以适时做出调整，使它生命永续，面貌长新。

　　三、汉字在输入其他民族和国家后，为了与它记录的语言特点相合时常要发生改变，使它便于应用。这不是汉字自身要求改变，而是为了适应环境谋求生存的必经之路。

　　四、汉语和藏语同属汉藏语系，可是汉语用汉字，藏语用拼音文字，这是由于不同文化的传播造成的。我国西南的傈僳语也是汉藏语系的语言，为了创造傈僳文，20 世纪初傈僳人汪忍波没有仿照藏文创造拼音字，而是仿照汉字创造了表意的字。这显然是受了汉字文化的影响。

　　　　　　　　　（刊于《咬文嚼字》2020 年第 11 期）

古今字义不同的常用字示例

汉字有悠久的历史，许多字的形、音、义随着历史的发展而发生变化。本文单说字义的演变。下面这些常用字，我相信大家对它们的现代意义都很熟悉。人们在阅读古代文献时，自然就用现代意义去理解，可是这样做时常就会出现差错。因为许多字的现代意义与古代不同，而人们对这些字的古代意义并不了解。写这篇短文，就是要告诉读者许多常用字的字义古今不同。我们要想读懂古代文献，对这些似乎很熟悉的字也要注意学习它们的古代意义。自然，要能读懂古代文献，并不是只学会常用字的古代意义就够了，还要学习古代语法、语音、文化知识等，这些问题以后有机会再谈。还要说明的是，在这篇短文里，我们也不是全面讨论这些字的字义，而是重点说明那些古今意义不同而又容易弄错的常用字，避免用今义去解读古代的典籍。下面举出十个常用字：

池。池是形声字，从水也声。在上古，也和池的读音比较接近。《说文》："隍，城池也。有水曰池，无水曰隍。"段玉裁《说文解字注·池》："池之在城外者也。"池的本义是护城河。《诗经·陈风·东门之池》："东门之池，可以沤麻。"孔颖达传："池，城池也。"《左传·僖公四年》："楚国方城以为城，汉水以为池。"汉水以为池：以汉水为护城河。"城门失火，殃及池鱼"这个熟语里的池指的就是护城河。池后转指水塘，即积水的坑，沿用至今。谢灵运《登池上楼》："池塘生春草，园柳变鸣禽。"

　　除。《说文》："除，殿陛（bì）也。从阜，余声。"殿陛：宫殿的台阶。除的古义为台阶。《史记·魏公子列传》："赵王扫除自迎，执主人之礼。"扫除：打扫台阶。曹植《赠丁仪》："凝霜依玉除，清风飘飞阁。"又指去掉、清除，沿用至今。《汉书·高帝纪上》："凡吾所以来，为父兄除害，非有所侵暴，毋恐。"杜甫《述古三首》之二："农人望岁稔（rěn），相率除蓬蒿。"稔：庄稼成熟。除在文言中还指任命官员、拜官。《汉书·景帝纪》颜师古注引如淳曰："凡言除者，除旧官就新官也。"文天祥《指南录后序》："德祐二年正月十九日，予除右丞相兼枢密使，都督诸路军马。"这个意义现代也不用。

　　粪。繁体作糞。《说文》："糞，弃除也。"粪本是动词，指丢弃、扫除。《荀子·强国》："堂上不粪，则郊草不芸。"《左传·昭公三年》:"小人粪除先人之敝庐。"敝庐:破败的房舍。引申为名词,指粪便等污物。《资治通鉴·后唐明宗长兴元年》:"朕昔为小校,家贫,赖此小儿拾马粪自赡。"段玉裁《说文解字注·粪》:"古谓除秽曰粪,今人直谓秽曰粪。此古义今义之别也。"

红。繁体作紅。《说文》:"红,帛赤白色。从糸,工声。"段玉裁《说文解字注·红》:"此今人所谓粉红、桃红也。"红的本义是粉红。《论语·乡党》:"红紫不以为亵服。"意思是粉红色紫色不能做平日穿的内衣。《文心雕龙·情采》:"正采耀乎朱蓝,间色屏于红紫。"在古代汉语里,表示红的颜色有五个字,按照颜色由深到浅排列是:绛、朱、赤、丹、红。现代赤只用在成语里,如赤胆忠心、面红耳赤。后来红表示大红,与赤相同,沿用至今。杜牧《山行》:"停车坐爱枫林晚,霜叶红于二月花。"白居易《忆江南》:"日出江花红胜火,春来江水绿如蓝。"

颇。繁体作頗。《说文》:"颇,头偏也。从页,皮声。"颇的本义是头偏,假借为副词表示稍微。《广雅·释诂三》:"颇,少也。"王念孙《广雅疏证》:"颇者,略之少也。"《说文解字·序》:"(李)斯作《仓颉篇》,中车府令赵高作《爱历篇》,太史令胡毋敬作《博学篇》,皆取史籀大篆,或颇省改,所谓小篆者也。"或颇省改:

有的字稍微作了减省和修改。柳宗元《愚溪诗序》："余虽不合于俗，亦颇以文墨自慰。"颇以文墨自慰：稍微用文墨自慰。副词颇在汉代以后表示程度深，同很，沿用至今。《三国志·魏书·曹仁传》："太祖之破袁术，（曹）仁所斩获颇多。"李白《猛虎行》："颇似楚汉时，翻覆无定止。"颇似：很像。颇的这两个副词意义，使用的语境类似，要注意分辨。

　　劝。繁体作勸。《说文》："劝，勉也。从力，雚声。"段玉裁《说文解字注·劝》："勉之而悦从亦曰劝。"劝的古义是勉励，这个意义后世少用。《汉书·艺文志》："播百谷，劝耕桑，以足衣食。"劝又指劝说，讲明事理使人听从，沿用至今。《史记·高祖本纪》："亚父劝项羽击沛公。"亚父：范增。沛公：刘邦。《荀子》有《劝学》篇，意思是勉励人们为学，而不是劝说人们为学。有些城市有"劝业场"，"劝业"意思是勉励人们从事实业，也不是劝说人们去从事某些事业。

　　汤。繁体作湯。《说文》："汤，热水。从水，昜声。"《论语·季氏》："见善如不及，见不善如探汤。"刘宝楠《论语正义》："探汤者以手探热。"《史记·廉颇蔺相如列传》："臣知欺大王之罪当诛，臣请就汤镬。"成语有：扬汤止沸、金城汤池、赴汤蹈火。后转指菜汤，沿用至今。王建《新嫁娘》："三日入厨下，洗手作羹汤。"《水浒全传》第九回:"柴进亲自举杯,把了三巡,坐下叫道:'且将汤来吃。'"

　　谢。繁体作謝。《说文》:"謝,辞,去也。从言,射声。"辞指辞去官职。《礼记·曲礼上》:"大夫七十而致事,若不得谢,则必赐之几杖。"致事:辞官。几杖:坐几和手杖。赐几杖表示敬老。张居正《学农园记》:"嘉靖甲寅,以病谢。"又指离开、避开。《古诗为焦仲卿妻作》:"往昔初阳岁,谢家来贵门。"陆游《独坐闲咏》之二:"深掩柴荆谢世纷,南山时看起孤云。"又表示告诉。《古诗为焦仲卿妻作》:"多谢后世人,戒之慎勿忘。"谢还表示感谢,沿用至今。《史记·项羽本纪》:"哙拜谢,起,立而饮之。"哙:樊哙。《汉书·张安世传》:"尝有所荐,其人来谢。安世大恨,以为举贤达能,岂有私谢邪?"恨:遗憾。

　　走。《说文》:"走,趋也。从夭、止。"段玉裁《说文解字注·走》:"《释名》曰:'徐行曰步,疾行曰趋,疾趋曰走。'此析言之,浑言不别也。"浑言、析言是训诂学术语。浑言指笼统地说,析言指分开地说。分开地说,走的古义是跑。《韩非子·五蠹》:"田中有株。兔走触株,折颈而死。"株:树桩。颈:脖子。《新五代史·王进传》:"(进)为人勇悍,走及奔马。"成语有"走马观花"。走后来表示步行,沿用至今。《礼记·

151

玉藻》："走而不趋。"《新编五代史平话·汉史上》："归家泣告父亲道：'孩儿每出外闲走，被军人笑骂。'"

属。繁体作屬。《说文》："屬，连也。从尾，蜀声。"之欲切，读 zhǔ。属古代指连接。《史记·孟子荀卿列传》："荀卿嫉浊世之政，亡国乱君相属。"苏轼《再论积欠六事四事札子》："累岁灾伤，流殍相属。"累岁：连年。流殍：灾民流亡而饿死。属字后来还有另外的音义。《广韵·烛韵》："属，附也。"指隶属、归属。市玉切，读 shǔ，沿用至今。《三国志·吴书·吴主传》："遂分荆州、长沙、江夏、桂阳以东属权。"权：孙权。关汉卿《单刀会》："那时节，天下荒荒，恰周秦早属了刘项。"刘项：刘邦、项羽。

（刊于《咬文嚼字》2018 年第 12 期）

由"膻"字的演变看汉字的形声化

东汉许慎著的《说文解字》是汉字学的经典。《说文》里的"羴"字条写道:"羴,羊臭(xiù)也。从三羊。羶,羴或从亶(dǎn)。"这个条目给我们提供了许多有用的信息。

汉字造字法的发展大体是先有指事、象形,后有会意。这三类造字法都是只有意符,没有音符,合起来可以叫作表意字。用表意的方法来造字有很大的局限,能够造出来的字数量有限,不能满足记录语言的需要,于是产生了假借。假借是根据同音或近音的原则借用已有的字来表示新的意义。例如借用表示鼻子的象形字"自"来记录自己的"自"。假借的使用提高了汉字记录汉语的能力,可是也带来一些问题。因为字的本义和它的假借义共用一个字形,看到一个"自"字,不知道是表示鼻子的"自"还是表示自己的"自",只能靠语境来分辨。如果语境不能分辨就会造成歧义。聪明的古人于是提出了形声造字法。给表示鼻子的"自"加上个"畀"

造出了"鼻"这个从自、畀声的形声字。有了"鼻"字，"自"字就只表示自己，不再用来表示鼻子，避免了歧义。形声造字法出现后，不但解决了假借字可能造成混淆的问题，还改变了一些表意字的形体，开始了汉字形声化的进程。

让我们回到本文开始时提到的"羴"字。"羴"读shān，指羊身上带有的腥臊味，是由三个羊组成的会意字。用"羴"来表示羊身上的腥臊味，也有不便之处。汉字中由三个相同的意符组成的会意字往往表示多，如三个石组成的"磊"表示石头多、三个木组成的"森"表示树木多等。由三个羊组成的"羴"同样可以表示羊多，指羊群。清代学者俞樾著《儿笘录》卷六就说："羴者，群羊也，犹雥（zá）为群鸟，麤（biāo）为众马也。"可见"羴"是多义字，有腥臊味和羊群两个意思，使用时可能产生歧义。在形声化的影响下，古人造了"羶"字代替了"羴"。"羶"是从羊、亶（dǎn）声的形声字。在《说文》里，"羴"是正字，"羶"是异体字。这告诉我们是先有"羴"，后有"羶"，也就是说先有会意字后有形声字。"羶"是后起字，社会地位低，只能作为"羴"的异体字。这种情况不久就发生了变化。在南北朝梁代顾野王著的《玉篇》里面，"羶"升格为正字。《玉篇·羊部》："羶，羊气也。"文献中不乏"羶"的用例。

《庄子·徐无鬼》："羊肉不慕蚁，蚁慕羊肉，羊肉膻也。"不过"膻"字有时也会遇到问题。例如，"这不是羊肉，怎么也这么膻？""你满身膻味，快离我远点。"这两例里的"膻"指不是羊肉发出来的但是很像羊肉的腥臊味。"膻"字用羊作意符，这个意符在这一类例子里失去了表意作用，字形和字义脱节。这个问题怎么解决呢？古人坚持汉字的形声化，就把"膻"里的"羊"改为"月（肉）"造出了"膻"字。"膻"是形声字，从月（肉）、亶（dǎn）声。意符月（肉）旁所指的范围比羊旁扩大了，使字形和字义重新建立了联系。《尹文子·大道上》："好膻而恶焦，嗜甘而逆苦。"《尹文子》相传是战国时尹文所著，今本《尹文子》可能是后人的伪托。其中的"膻"不一定出自战国，也可能是后人掺入的。这样一来，在我们面前就有了音义相同的三个字：羴、膻、膻。这三个字是什么关系呢？1955年文化部和文改会联合发布的《第一批异体字整理表》规定"膻"为规范字，"羴"和"膻"作为异体字停止使用。这个规定符合实际情况，我们应该按照《第一批异体字整理表》的规定来使用。《通用规范汉字表》发布后，《第一批异体字整理表》废除，《通用规范汉字表》仍以"膻"为规范字。

"羴"变为"膻"再变为"膻"，表明会意字的形声化。类似的例子我们再举出两个字。例如"年"字，甲骨文

"年"字是从人负禾的会意字，象征五谷丰登，人们背负谷物返回。小篆就变为从禾、千声的形声字（秊）。又如"刚"字，本义是强力折断。甲骨文、金文的"刚"是从刀、从网的会意字。网后来变为冈。小篆"刚"变为从刀、冈声的形声字。

汉字的形声化也影响到象形字和指事字。如"凤"字，甲骨文的凤本是凤鸟形，高冠长尾，是象形字。到了小篆加上音符"凡"，成为从鸟、凡声的形声字"鳳"，这是象形字的形声化。再如"刅（chuàng）"字，它的意思是创伤，是从刀、从一的指事字。《说文解字系传》："一，刃所伤，指事也。"后来变为从刀、仓声的形声字"創"，这是指事字的形声化。据清代文字学家朱骏声的统计，《说文》九千多个小篆里有形声字 7697 字，约占《说文》总字数的 82%。到了现代汉字，传承字和新造字里的形声字已达 90% 以上，形声字已经成为汉字的主体。

（刊于《咬文嚼字》2016 年第 3 期）

由"假借"引起的汉字变化

汉字的"六书"之一是假借。假借问题较为复杂，而且假借不单是一个字的问题，它往往会引起有关用字发生改变。本文试图对这方面的问题稍加解释，供有兴趣的朋友参考。

扼要地说，假借指的是文言文里面同音或近音字的通用或借用。例如"由"字本义为自、从。《论语·雍也》："谁能出不由户？"假借为"犹"，意思是如同。《孟子·梁惠王上》："民归之由水之就下。"在这个句子里，表示从的"由"字假借为"犹"字，这就是假借。为了说明的方便，假定语言里有 A 和 B 两个词，把记录词 A 的字用来记录词 B，用字的这种改变就是假借。讨论汉字的假借一定要区分词和字，二者不能混同。词属于语言，字是记录语言的符号系统。假借时词不变，变的只是记录词所用的汉字。假借字和借用它要表示的字必须是同音，至少也要是读音十分相近。

假借一定要有借出方和借入方，我们先说借出方。

在发生了假借关系后，记录词 A 的字除了有本义外，还有了假借义，也就是记录词 B 所使用的意义。一个兼有本义和假借义的字，在假借发生后可以有三种变化。

（一）本义和假借义共用一个汉字。例如"之"字。本义是往、去。如《论语·公冶长》"之一邦"里的"之"。假借为第三人称代词。如《论语·学而》"学而时习之，不亦说乎"里的"之"。（二）由于假借义使用频率较高，本义不再使用，只用假借义。例如"普"字，《说文》指出它的本义是"日无色也"（太阳没有光和色），假借为"溥"，表示普遍。《孟子·万章上》："普天之下，莫非王土。"本义的"日无色也"则不见使用。

（三）被借字专用于假借义，而为本义另外造字。下面举出四个例子："自"字的本义是鼻子，假借为自从的自，另造"鼻"字表示本义。"来"字本指小麦，假借为来去的来，另造"麦"字表示本义。"莫"字本指傍晚，假借为无定代词"没有谁""没有什么"后，另造"暮"字表示本义。"韦"字本指包围，假借为熟皮，另造"围"字表示包围。另造的本字多为形声字。这是因为形声造字法具有很高的能产性。上面举出的"鼻""麦""暮""围"都是形声字。

再说借入方。借入方一定要有假借字，如果没有就不成其为假借。根据假借字所表示的词有无本字，可以分为三类。（一）无本字的假借。第一人称代词"我"假借兵器名称的"我"；句末语气词"耳"假借耳朵的"耳"；语气词"夫"和指示代词"夫"假借丈夫的"夫"；疑问代词"奚"假借本来当奴隶讲的"奚"；代词"其"假借畚箕的箕的初文"其"；副词"亦"假借"腋"的初文"亦"。这些假借字所记录的词没有本字，一直使用假借字。（二）有后起本字的假借。有的词没有本字，只有假借字，可是对假借字不满意。因为假借字只能表示读音，字形和所记录的词的意义没有联系，于是又造一个字形与字义有联系的后起本字，放弃了假借字。例如："与（與）"字的本义是给予，假借来记录疑问语气词。《论语·宪问》："管仲非仁者与？"后来为假借义造"欤（歟）"字。《史记·屈原贾生列传》："子非三闾大夫欤？"就不再用假借字"与"。"邪"字的本义是不正当，假借来记录疑问语气词。《庄子·逍遥游》："天之苍苍，其正色邪？"后来为假借义造"耶"字。《战国策·赵策三》："十人而从一人者，宁力不胜智不若耶？"就不再用假借字"邪"。"锡"字本为金属名，假借来记录赏赐的"赐"。《书·洪范》："天乃锡禹洪范九畴。"后来为假借义造"赐"字。《论语·乡党》："君赐食，必正席先尝之。"也还有另一种情况。如燃烧的"燃"本来作"然"，假借为表示然否的"然"。《说文》有后起本字"嘫"字，可是这个字并没有流行，至今仍用假借字"然"。（三）有本字的假借。"艸"是草木之草的本字，可是古籍中很少用"艸"，多用假借字"草"。"草"的本义是草（zào）斗，即栎树的果实。"耑"是开端之"端"的本字，多用假借字"端"，"端"的本义是端正。古籍大多借"端"为"耑"。"毬"是皮球之"球"的本字，见大徐本《说文》的新附字，文献中多用假借字"球"，"球"本指一种美玉。这一类假借字，有些在使用一段时间后就停止使用，仍用本字。例如简册的"册"是本字，古籍常用假借的"策"，"策"的本义是赶马的杖。现在的"册"已经不能用"策"代替。既然有本字，为什么还要用假借字呢？原因是多种多样的，如有的是为了简化字形，如以"姜"代"薑"、以"灵"代"靈"。

汉字的假借主要发生在文言文里面，白话文里面许多音译词一直用假借字来记录。例如：咖啡、坦克、华盛顿、斯堪的纳维亚。

（刊于《咬文嚼字》2016 年第 2 期）

"事必躬亲"不能写成"事必恭亲"

《南方周末》1995 年 12 月 29 日第 1 版上有一篇文章叫《"京城衙内"其人其事》，其中有这么个句子："陈'衙内'给人的印象是凡事必点头，有求必答应。但办事不办事，陈却会区别对待。若有利害关系，'衙内'事必恭亲；若无利害关系，陈连电话也懒得接，概由手下人应付。"这个"事必恭亲"应该写为"事必躬亲"。

"躬"本来指身体。《汉书·元帝纪》："百姓愁苦，靡所错躬。""靡"的意思是无。"错"通"措"，指放置。"靡所错躬"意思是没有地方安身。"鞠躬"的"躬"也指身体，"鞠躬"本指弯腰曲体，是恭敬谦虚的样子，后来才指弯腰行礼。"躬"由身体引申为自身。《史记·孝文本纪》："百官之非，宜由朕躬。""朕躬"是天子自称，意思是我。"反躬自责"指反过来责备自己。"反躬自问"指反问自己。"躬"由自身又引申为亲自。《诗经·小雅·节南山》："弗躬弗亲，庶民弗信。""弗躬弗亲"意思是不亲身管理政事。表示亲自的"躬"，常作状语。

诸葛亮《前出师表》："臣本布衣，躬耕于南阳。""躬耕"指亲身从事农业生产。"躬逢其盛"指亲身参加了那个盛举。"躬行"指亲身实行。"躬身下拜"的"躬"是动词，指弯下身子，是名词身体义的转指。《西游记》第29回："（八戒）把腰一躬，就长了有八九丈长。"上面说的"躬"都不能写为"恭"。

"事必躬亲"是个成语，意思是不管什么事一定亲自去做。《官场现形记》第59回："于舅太爷却勤勤恳恳，事必躬亲，于这位外甥的事格外当心"。"躬亲"这个词来自上面引过的《诗经·小雅·节南山》的"弗躬弗亲"，"躬"和"亲"意思相同，都表示亲自。"躬亲"是由意思相同的语素组合成的词。"事必躬亲"也可以写为"事必亲躬"。

（刊于《咬文嚼字》1996 年第 3 期）

《中华读书报》上的四个错字

读1997年2月26日的《中华读书报》，我看到了四个错字。

1. 第6版《"田雁宁现象"的启示》："我想至少有如下两点足可令人三思：第一，文学创作和市场运作并非水火不相融；第二，文学创作绝对不是简单的市场运作。"

"水火不相融"应作"水火不相容"。"融"和"容"在现代音同，形义不同。"融"指融合、调和，几种不同的事物合成一体。成语有"水乳交融"，是说水和乳汁极容易融合，比喻关系非常融洽，或结合十分紧密。"容"指容纳、包含。水和火是对立物，彼此不能容纳，比喻势不两立，成语有"势如水火"。"水火不相容"的说法成立，但是不能说"水火不相融"，因为水和火谈不到融合的问题。

2. 第6版《青苹果的滋味》："……经济利益对人类灵魂和精神家园的重重挤压，……硕果仅存的文学爱好者或者说需求者，他们迫切需要的是精神导向和慰籍……"

"慰籍"应作"慰藉"。"藉"和"籍"形音义都不同，不能混用。"藉"字是草字头。《说文·艸部》："藉，祭藉也。"指古代祭祀朝聘时陈列礼品的垫物，读 jiè（借）。"藉"垫在下面，使安稳。"慰藉"，安慰，抚慰。旧《辞海》："慰，安之自上；藉，安之自下。因并言之慰藉。"《后汉书·隗嚣传》："光武素闻其风声，报以殊礼，言称字，用敌国之仪，所以慰藉之良厚。"李贤注："慰，安也。藉，荐也。言安慰而荐藉之良甚也。""藉"还有另一个音义。《说文·艸部》："藉，一曰艸不编，狼藉。"这个意义读 jí（及）。"狼藉"，乱七八糟，杂乱不堪。"籍"字是竹字头，读 jí。现代常用意义有：1. 书，书册：书籍｜古籍。2. 籍贯：原籍。3. 个人对国家、组织的隶属关系：国籍｜学籍｜党籍。没有"慰籍"这个词。

3. 第 11 版《目送心河帆影》："史家写东西，易犯懒祭堆垛之病，《心河帆影》却是以明丽流畅的文字把古人古事评说得明白透彻。"

"懒祭"应作"獭祭"。汉语里没有"懒祭"这个词。"獭"读 tǎ（塔），水獭、旱獭、海獭的统称，通常指水獭。"獭祭"，《礼记·月令》："獭祭鱼。"獭贪食，

164

常捕鱼陈列水边，称为祭鱼。后用来比喻罗列或堆砌典故。把"獭"错成"懒"，不是排校错误，就是作者不熟悉"獭祭"这个典故。

4. 第 15 版《努力出版高品位的学术专著》："代表着传统国学研究较高成就的《尚书源流及传本考》是已故宗师顾颉刚高足刘起釪的扛顶之作，它所展现的恰恰是今天学界正日渐匮乏的宝贵财富。"

"扛顶"应作"扛鼎"。"扛"，在这里读 gāng，不读 káng。指用两手举重物。"扛鼎"，举鼎。《史记·项羽本纪》："籍长八尺余，力能扛鼎。"形容项羽勇武有力。可以用"扛鼎之作"形容非常有分量的著作、力作。

（刊于《咬文嚼字》1997 年第 6 期）

不要曲解汉字

汉字是汉族祖先留给我们的一笔珍贵遗产，也是我国民众进行交际的不可缺少的工具。近几年来汉字的研究引起了社会各界的关注，出现了一批新的研究成果，可是曲解汉字的论述也时有所见，对这类论述的危害不可忽视。2015 年 6 月 30 日《光明日报》发表了记者刘彬写的访谈《流沙河："侦破"汉字奥秘》，向读者推荐流沙河的汉字研究。流沙河对汉字的分析有许多错误，并且其中心意思是恢复繁体字。

下面举出流沙河对"書"和"區"两个字的分析中的错误，略加评点，供读者参考。关于"書"字，我们提出三点意见：一、流沙河说："'者'又是'煮'字的古写法。"这是信口开河，没有根据。根据《说文》，"煮"字的古写法是"鬻"，而不是"者"。二、流沙河说："'書'用'煮'作声符，可知古音读作'著作'的'著'zhù，后转为今音 shū。"我们知道，小篆"書"是从聿者声，从来不用"煮"作声符。隶书楷书的"書"

也和"煮"字没有关系，扯不到一起。"書"的古音不读"著作"的"著"。在上古，"書"字是书母鱼部，"著"是端母鱼部，二字不同音。三、流沙河说："'者'的篆文有趣，下面一口大锅盛水，锅盖密闭，蒸汽四溢，溅起水珠。后来'者'字被拿去作了虚词，之乎者也，才添四点之水变成'煮'字。"其实，小篆"者"下面是"白"（是"自"的变形），大锅盛水云云，完全是想象。学术研究不同于文学创作，做出判断要有根有据。一个不难分析的"書"字，出了这么多错误，这哪是侦破汉字的奥秘，实际是要把读者带到迷魂阵。关于"區"字，流沙河说："这个字要从右边看进去，像橱柜里放置多只尺寸规格相同的炊具。……于是就有了分区的意思。按照《说文解字》，區字从匚，匚读若方。所谓读若即'视之为'。匚可以视之为方字，其字义为方格空间，其字音与方同。"流沙河完全看错了字形。在《说文解字》里有匚和匸两个不同的部首：匸的第一横左边出头，左下是弯笔，读 xì；匚的第一横左边不出头，左下是折笔，读 fāng。小篆"區"在读 xì 的匸部，而流沙河却把它归入了读 fāng 的匚部。流沙河如果不同意《说文》的归部应该加以说明，而不应随意改动。流沙河说"匚可以视之为方字，其字义为方格空间，其字音与方同"，这是张冠李戴，与从匸的"區"字无关。

167

流沙河还提出两个错误的判断：一、"所有正体字都能讲出道理"，二、"简化字不讲理"。这与事实不合。该文说的"正体字"实际指的是繁体字。有不少楷书繁体字由于字形的变化已经讲不出道理。例如，口贝为什么是員、曲辰为什么是農、羽白为什么是習、米田共为什么是糞，都讲不出什么道理。不少简化字有明确的理据。例如，小土为尘、火土为灶、一压在火上为灭、一个人跟在另一人的后面是从。这是不容曲解的。

　　流沙河随意抬高繁体字、竭力贬低简化字是为了凑成一个错误的结论，就是要恢复繁体字。这个结论没有事实根据，违背了国家的汉字政策，得不到多数民众的支持，会造成社会用字的大混乱。

　　　　　　　　　　（刊于《咬文嚼字》2016 年第 4 期）

治一治书名不通病

书都有书名，一本好书要有好的书名。好的书名要符合几个条件，比如和内容贴切、高雅、新颖、生动等等，但是最基本的条件是通顺、没有语病。不知是什么原因，近年来书名不通病有蔓延滋长的趋势，下面举出几个例子：

一个是《学问中国》。书的前言说："我们特别邀请了8位有代表性的著名青年学者分别从各自思想领域表达了他们在建设新一代中国的思想学术时所思考的部分重要问题和各自富有创造性的观点。我们相信这些观点将使人感觉耳目一新，并且将促进中国思想界的独立思考。"这样的句子够拗口的了，可是我们勉强还能懂；至于书名就麻烦了：什么叫"学问中国"？"学问"是名词，"中国"也是名词，汉语里两个名词连在一起可以有三种类型：第一，复指结构。如"首都北京"，中国的首都就是北京，北京就是中国的首都，两个部分所指的是同一对象。"学问中国"不属于这种类型，因为"学问"和"中国"不是同一的对象。第二，联合结构。如"北大清华"，两者并列，中间可以加"和"，说成"北大和清华"。"学问中国"如果属于这种类型，其中的"和"字绝对不能不用。第三，偏正结构，如"木头房子"，前一名词修饰后一个名词，表示质料，房子是木头的。这种结构中间可以加"的"，说成"木头的房子"。"学问中国"也不属于这一类，因为"学问的中国"意思也不明确。语言成分是形式和内容的统一体，结构关系是形式，表示的意义是内容。结构关系不明确，表示的意义也就不明确。书名的意义不明确，让读者去猜吗？

从媒体的报道中得知不久前出了本新书，书名叫《请读我唇》。"这本书是专为老百姓编的，将过去的一年出自民间语话、新闻媒体、广告词语、影视剧道白、名人闲谈及顺口溜、俏皮话，直至出租司机的'妙论'——精剔出来，经过作者——一个有一副聪耳和极具捕捉力的热心人加以引申、诠释、解读，一本新书就出版了，这本书的书名是《请读我唇——语词笔记（1999）》。"这段报道文字就真够蹩脚的，什么叫"民间语话"？如何"精剔"？什么叫"聪耳"？由这样文理不通的作者推荐的著作可信吗？"请读我唇"，真怪，动词"读"的对象应该是可以读的东西，如"读书、读报、读小说"等等，"唇"是"嘴唇"，怎么读？

据一则消息报道："曾经因编撰口述实录《绝对隐私》《回家》而受到人们关注的青年女作者安顿，最近又推出了她的又一部力作《动词安顿》。《动词安顿》是安顿的人生写实集。安顿在这部作品中，用大量文学化的语言真实地披露了自己与亲人与朋友的感情纠葛和家庭生活。"这样一部人生写实集，为什么叫《动词安顿》呢？"动词"是语法术语，语法学家告诉我们动词表示的是动作行为、发展变化，汉语的动词可以用"不"来否定，后面可以加"了""着""过"等助词，这和"安顿"有什么关系？语法学家可以写一篇论文，如《动词"是"字研究》，因为"是"是动词，而"安顿"是人名，怎么是动词？"安顿"是研究动词的吗？大概不是。万一是的话，也应该说《研究动词的专家安顿》，也不能简缩成《动词安顿》。不过作者既然取了这样一个书名，总有她的考虑，但是不管出于什么考虑，起码要通。书名不通，什么考虑都站不住脚。

（刊于《中华读书报》1999 年 7 月 7 日）

《咬文嚼字》是追思郝铭鉴先生的丰碑

惊悉郝铭鉴先生不幸去世，我十分伤感。我和铭鉴先生交往几十年，彼此相知。他是大才，是出版界的名家。他比我年轻，本来还可以做出更多的贡献，可如今却走在了我的前面，可惜呀！

我面前放着四卷本的《周有光语文论集》，这是铭鉴先生与我合作的产物。二十多年前的一个傍晚，铭鉴先生出差来京顺路来我家聊天。我们聊了很多，聊到了周有光先生对语文研究的贡献。我们对周先生都十分敬仰。我对他说："为了传播周先生的学术思想，我想编几本周先生著作的选集，你那里能不能接受出版？"铭鉴先生立刻回答："可以。我也早有此心，可以出版四卷本。"他还说："这是赔钱书。社里的编辑都有创收指标，我没有指标，就由我来做责编。"他又说："编辑周先生的著作，我的知识不够，要你来协助。"我说："你的知识比我丰富得多，你不要客气。但我很愿意尽力协助。"他走后，我把这件事报告给周先生，周先生表示同意。很快周先生和上海文化出版社签订了出版合同，我和铭鉴先生就进入了编辑程序。我和周先生商订了入选的篇目，我把入选的著作复印后做初步编辑加工，然后寄到上海铭鉴先生那里，由他排版打出小样，再寄还给我，由我校对。几经往返，书稿编校完成，交周先生审定后付印。我们的合作十分顺畅，2002年初出版问世。周先生的生日是1月13日。铭鉴先生赶在周先生生日那天专程来到北京，然后我们一起去周先生家祝寿并送交样书。周先生十分高兴，翻阅样书表示满意。这部《周有光语文论集》汇集了周先生语文思想的精华，是研究周先生学术思想的善本。《论集》出版后不久，被评为吴玉章人文社会科学奖特等奖。发奖那天，周先生要我陪他去中国人民大学领奖，可是正值中日韩第一次汉字学术讨论会开幕，我是中方代表，不便请假。后来得知周先生在领奖会上做了精彩发言。人的寿命是有限的，而优秀的学术著作的影响要长久得多。没有铭鉴先生的支持，这部著作是很难出版的。

前两天我刚收到了今年第3期的《咬文嚼字》，刚刚读完铭鉴先生的大作《为何"指手画脚"用"画"，"出谋划策"用"划"》，谁能料到这竟然成为铭鉴先生的绝笔。《咬文嚼字》是铭鉴先生贡献给语文事业的厚礼。从它的创刊号起我就是它的忠实读者，从中获益匪浅。

我听铭鉴先生说过，创办一种刊物不难，难的是要与时俱进，常办常新。《咬文嚼字》经过编辑部多位同仁的努力，不断丰富，已经站稳了脚跟。这是一本小刊物，但25年来却产生了大影响。铭鉴先生的创始之功和发展之功不可磨灭。如今，它又成了追思铭鉴先生的丰碑。

最近几年，我经历了几次生离死别的创痛。我的老伴患癌症走了，我的兄嫂走了，我的姊母走了，我的弟妹走了；我敬仰的学界专家有几位也走了。如今铭鉴先生又突然离去。人总是有生有死，这是无可奈何的事。为了抒发怀念之情，我仅敬献心香一瓣祝逝者安息。

（刊于《咬文嚼字》2020年第5期）

章太先生永远活在我的心中

我和陈章太先生第一次相见是在"文革"结束后的语言研究所。大约在 1980 年前后，我去语言研究所找一位朋友，误打误撞地进了《中国语文》编辑部，章太那时是《中国语文》编辑部的负责人，正在那里工作。经人介绍我们彼此相识寒暄，没有谈什么问题。语言所的朋友出来后对我说："章太这位领导，不整人。"经过浩劫的人都明白，那时说某领导"不整人"是极高的评价。

中共十一届三中全会后，为了加强语文工作的领导力量，中央决定把章太调到文字改革委员会担任副主任，从此章太就挑起了语言文字工作这副重担。

华东师范大学心理系有位曾性初教授，他在《教育研究》1983 年第 1、2 期合刊上发表了《汉字好学好用证》的长篇论文，对文字改革工作提出了一系列新的观点，如"方块汉字比拼音文字（如英文）易学"，"汉字比汉语拼音容易得多"，"汉字的自动、电脑化在飞速前进"，

"汉字的冗余讯息高，因此易学"，呼吁"给汉字平反"，等等。语文学界对此十分瞩目，更引起了文改会的《文字改革》杂志的关注。那时王均先生是该杂志的主编，编辑部为了确定应该采取的态度，决定请德高望重的四位语言专家来编辑部座谈，这四位专家是王力、吕叔湘、叶籁士、倪海曙。王均先生主持座谈会，章太代表文改会出席表示支持。那时我是北京师范学院分院的教师，《文字改革》杂志聘我做兼职编辑，于是我以《文字改革》杂志编辑的身份列席会议。在座谈中，专家认为曾性初文章开阔了我们的视野，使我们注意从心理学的角度关注汉字问题。我们应该吸取他的意见中的合理成分，批评他那些不实之词。我参加这样的会议，获益匪浅。会后的一段时间内，《文字改革》杂志发表了尹斌庸写的《"不读症"与文字制度》、美国 Rozin 教授写的《中文和英文的比较》、许长安的《汉字功过评说》等论文，推动了对汉字改革的研究。在座谈会结束时，章太要我留下，他和我做了一次长谈。他告诉我，文改会正在筹建语言文字应用研究所，希望我来所工作。我谈了我的顾虑。我大学毕业后一直做教师，我热爱教师工作，熟悉教师工作，我担心研究所如果拿不出科研成果怎么办。章太建议我考虑考虑再做最后决定。过了不久，文改会改名为国家语委，我参加了修订《标点符号用法》课题组，

1988 年初有幸得以重返燕园，去语用所的事也就不再提起，可是章太的这次谈话细致周到，热情诚恳，推心置腹，给我留下了难忘的印象，我们成了好朋友。

章太给我留下深刻印象的另一件事就是协助胡乔木调整国家的语文政策，20 世纪 50 年代确定的文字改革的政策是走拼音化方向，三项任务是简化汉字、推广普通话、制定并推行《汉语拼音方案》。改革开放以后，国家进入了社会主义建设的新时期，上述语文政策已经不适应变化了的新形势，必须调整。如果不调整就难以前进。1986 年 1 月在北京召开了全国语言文字工作会议，章太是大会的秘书长。会议贯彻了中央制定的新时期语言文字工作的方针和当前的主要任务。会上争论得最激烈的是如何对待走拼音化的方向。中央决定会议的决议中不再提起这个问题，但与会的一部分老同志坚持要肯定这个观点。在会议的闭幕式上，章太说："工作报告中关于这个问题的提法，国家语委事先是请示过中央和国务院的领导同志的。大会期间同志们对这个问题的不同意见，我们也报告了党中央和国务院。昨天下午，国家语委接到了党中央和国务院的领导同志对这个问题的批示，同意刘导生同志工作报告中对这个问题的表述。希望同志们能够很好理解。"章太入情入理的解说，终于使持反对意见的老同志赞同了大会的决议。

时间流逝，物是人非。朝阳门内南小街后拐棒胡同甲2号院语委宿舍楼东头的单元，由下向上住着的四位语言学家都已先后离去。他们是一层的尹斌庸，二层的陈章太，三层的周有光，四层的王均。昔日的风光已成往事，连我这后生晚辈也已届耄耋。令人欣慰的是他们创造的业绩依旧光辉，语文事业后继有人，继往开来，造福社会。

（刊于2021年12月15日《语言文字报》，发表时有改动。这里的是原稿。）

语坛往事六则

一、一次充满智慧的谈话

2010 年 4 月，我收到了周有光先生的信，信里介绍了他和一位信息界朋友的谈话。其中说：

不久前有一位信息界朋友来访，带来他的文章。他说：汉字的电脑处理，效率大大提高，超过了英文。汉字不再是低效率文字了。周先生你过去写文章说，"汉字是低效率文字"，这句话错了。请你改正。我说：这句话仍旧没错。汉字电脑处理的效率提高，是电脑技术的提高，不是汉字的提高。汉字本身没有变。汉字是古典文字，古典文字都是低效率文字。这好比鸟能飞，人不能飞，发明飞机，人飞得比鸟还快。这是飞机的进步，不是人的进步。人依旧是人没有变为鸟。

我读过来信，觉得周老的意见充满了智慧，批评了来客看问题的表面性和片面性，对我有很大的启发。以前也曾有人问过我类似的问题，我就不知道该怎么说，说明我认识不清。这次读了周老的来信豁然开朗，以后就照周老的思路来回答。这件事情已经过了许久，对我教育很深，我愿意把它写出来，供有兴趣的朋友参考。

（刊于《咬文嚼字》2015年第8期）

二、"现代汉语讲座"取得成功

北京市语言学会为了提高中学教师、干部的教学水平和应用语言的能力，于1981年4月至11月举办了"现代汉语讲座"。

学会请语言学界著名学者王力、吕叔湘、周有光、周祖谟、张志公、朱德熙、俞敏、孙德宣、胡明扬、徐世荣、周振甫、徐仲华、张寿康等担任主讲。每人讲一个题目，如王力讲《词类》、吕叔湘讲《怎样跟中学生讲语法》、周有光讲《汉字和汉字改革》等。为了培养年轻的学者，学会特意安排当时还是讲师的李裕德、苏培成也担任主讲。

整个讲座共22讲，每周讲一次，地点在北京物资礼堂。讲座面向社会，自愿报名，每人收费8元，报名十分踊跃。物资礼堂大约能容三四千人，每次开讲时听众满坑满谷，座无虚席。因为主讲人大都是知名的学者，听众为能有机会听他们演讲而高兴，所以情绪极为高涨。讲座持续近 8 个月，听众热情始终饱满，人数不见减少。这次讲座成为当年语言学界一件盛事，给人留下深刻印象。

讲座结束后，由主讲人把讲稿整理成文，汇编为《现代汉语讲座》一书，由知识出版社于 1983 年出版。

这次讲座取得了成功，说明社会需要语言学知识。语言学工作者既应重视提高又要重视普及，他们应该及时把新的研究成果送到社会大众中去。

（刊于《咬文嚼字》2015 年第 9 期）

三、奖掖后进，不遗余力

贵州大学中文系的王锳教授是我的大学同学。在大学读书期间，他对张相先生的《诗词曲语辞汇释》就十分钦佩；参加工作后，他就着手搜集资料立志给张书做拾遗补阙。"文革"时，他在贵州做教师。在资料极为缺乏的条件下，他坚持对诗词曲语辞进行研究。皇天不负有心人，他的研究终于取得明显的进展。"文革"结束后，在 1978 年第 3 期的《中国语文》杂志上，他发表了《诗词曲语辞举例》，受到学界的瞩目。1980 年，中华书局出版了他的专著《诗词曲语辞例释》。

改革开放后，吕叔湘先生和朱德熙先生克服困难，约请美国康奈尔大学的梅祖麟教授于 1983 年上半年来北大中文系开设语法史专题课程，目的是要推动国内的近代汉语研究。在讲座即将举行时，他们想到了王锳。王虽然是北大中文系的毕业生，但是吕、朱二位对他并不熟悉，给他们留下较深印象的是王发表在《中国语文》上的学术论文。他们认为王是可以造就的人才，愿意尽力为他提供深造的机会。王当时在贵州一所师范学院任教。要他拿出半年时间来北大进修，并承担一切费用，那是无法解决的难题。但是吕、朱二位没有放弃努力，最后由北大中文系发函聘请王来北大讲学，由北大安排食宿，并承担一切费用。王接到聘书后整装进京重返燕园。不过他不是来讲学，而是来听梅祖麟的课程。在那段时期内，王还随同吕、朱去太原参加全国语言工作规划会议，开阔了眼界。王锳先生自此以后，在学术上突飞猛进。1980 年中华书局出版了他的专著《诗词曲语辞例释》增订本，内容有了很大的扩展。《诗词曲语辞例释》于 1987 年获首届吴玉章语言文字学优秀奖。这件往事使我们深深体会到前辈学者的博大胸怀，为发展学术尽一切努力提携后进。这种精神在今天依旧值得大大发扬。

（刊于《咬文嚼字》2015 年第 7 期）

四、"波阳县"恢复为"鄱阳县"

20 世纪 50 年代，经国务院批准，文改部门开展了改换生僻地名用字的工作。1957 年 2 月 9 日，国务院批准将江西省"鄱（pó）阳县"改名为"波阳县"。这次改动带来了一些问题。"鄱阳县"邻近"鄱阳湖"，它们的名称都来自附近的"鄱阳山"。而 1957 年的改名只改地名，不改湖名和山名，结果原来统一的"鄱（pó）阳"变得不统一了。再者，"波"字本来有 pó 和 bō 两种读音。把"鄱阳县"改名为"波阳县"，取的是 pó 的读音。后来异读词审音，把"波"审定为 bō，这就造成了"波（bō）""鄱（pó）"不同音，给使用带来不便。

2003 年江西省政府向国务院提出恢复"鄱阳县"县名的建议，国务院责成民政部提出处理意见，民政部交部属地名研究所研究。因为在这之前我在《二十世纪的现代汉字研究》一书中讨论过相关的问题，所以地名所在研究时就来咨询我的意见。我很同意恢复"鄱（pó）

阳县"的名称，并说明了理由。民政部把处理意见上报国务院，经国务院同意，民政部于 2003 年 12 月 17 日批准"波阳县"恢复为"鄱（pó）阳县"，使用至今。

（刊于《咬文嚼字》2015 年第 12 期）

五、令人无限向往

1981 年 5 月 28 日至 6 月 1 日，社科院语言研究所现代汉语研究室在北京召开了语法学术研讨会，这就是首届中年学者语法研讨会。参加会议的有现代汉语研究室的李临定、范继淹、刘坚、孟琮、范方莲、陈建民、詹开第、郑怀德，还有来自其他单位的陆俭明、龚千炎、邢福义、于根元、刘月华、鲁允中等，共二十余人。我有幸叨陪末座，躬逢其盛。前辈学者吕叔湘先生和朱德熙先生全程参与，给这些中年学子很大鼓舞。

会场设在密云水库旁边、社科院的一组供写作用的木板房内。会场朴素无华，没有鲜花，没有横幅；只有简单的几排桌椅和放在前面的黑板。没有宴请，也没有馈赠土特产，有的只是亲切的沟通和认真的切磋。在会上有十几位学者宣读了论文。晚餐后大家一起到水库大坝上散步，吹着水面上刮来的晚风，真是惬意。

吕叔湘先生致开幕词和闭幕词。吕先生在开幕式上谈了语法研究的三个方面：第一是研究理论体系，第二是探讨语法事实，第三是注重语法规范。在闭幕式上，吕先生说："在这次十几个报告里，讲语言事实语言现象的，我最欣赏的是孟琮的拟声词和刘月华的状语的分类和多项状语的顺序。特别是刘月华的报告，好的是细腻，有统计数字。"朱德熙先生就兼语式问题、动词形容词的名物化问题等谈了自己的看法，给与会者很大的启发。一转眼三十多年过去了，吕先生朱先生都已作古，范继淹和刘坚也先后去世，那时的中年人都已变成了老年人。朴实的会风，深入的研讨，特别是前辈学者和我们这些晚辈亲密无间的促膝交谈，至今都还令人无限向往。

（刊于《咬文嚼字》2016 年第 1 期）

六、学术著作要有必要的索引

1988 年 8 月，商务印书馆出版了裘锡圭先生著的《文字学概要》。这是近三十年来国内出版的最重要的文字学通论方面的著作。它的出版自然会引起语言文字学界的重视。那时我正和曹先擢先生共同为商务印书馆主编《新华多功能字典》，经常要查阅该书。在查阅时发现该书缺少一份单字的索引，使用多有不便。曹老师和我商定，我们自己动手编一份这样的索引，于是分工搜集该书出现的单字。个人完成任务后，把得到的单字合在一起。索引编成后，我们打印了几份，分送给编《新华多功能字典》的朋友使用，大家称便。

在 2010 年前后，商务印书馆和裘先生商定对该书进行修订重排。责任编辑魏励知道我和曹老师自编了该书的单字索引，希望我们把它附到修订本的后面，我们自然十分同意。可是该书修订后，所收的单字有调整，许多单字出现的页码也有改变，我们编的索引已不适用。继魏励之后出任该书责编的刘建梅只好自己动手，重编单字索引，附在了2013年出版的《文字学概要》（修订本）的后面。

国外出版的学术著作大都附有相关的索引，而国内出版的学术著作附有索引的还不算多。我在这里呼吁，要根据书的性质和读者的需求编制相应的索引，这对促进学术研究极为重要。

（刊于《咬文嚼字》2016 年第 2 期）

图书在版编目（CIP）数据

语文应用散论 / 苏培成著 . -- 上海：上海文化出
版社 , 2022.8
ISBN 978-7-5535-2555-6

Ⅰ .①语… Ⅱ .①苏… Ⅲ .①汉语－文集 Ⅳ .
① H1-53

中国版本图书馆 CIP 数据核字 (2022) 第 133366 号

语文应用散论

苏培成　著

责任编辑：蒋逸征
装帧设计：王怡君

出　版：上海文化出版社　　上海咬文嚼字文化传播有限公司
地　址：上海市闵行区号景路 159 弄 A 座 2—3 楼
邮　编：201101
发　行：上海市闵行区号景路 159 弄 A 座 206 室
印　刷：上海天地海设计印刷有限公司
规　格：787×1092 1/32
印　张：6.25
版　次：2022 年 8 月第 1 版 2022 年 8 月第 1 次印刷
书　号：ISBN 978-7-5535-2555-6/H.055
定　价：42.00 元

告读者：如发现本书有印刷质量问题请与印刷厂质量科联系
电　话：021-64366274